湖北省社会科学界联合会
“中国调查”丛书

# 湖北农民生活质量调查

HUBEI NONGMIN SHENGHUO ZHILIANG DIAOCHA

周长城 杨增能 叶闽慎 等/著

长江出版传媒
湖北人民出版社

**图书在版编目(CIP)数据**

**湖北农民生活质量调查**/周长城,杨增能,叶闽慎等著.
武汉:湖北人民出版社,2016.5
ISBN 978-7-216-08938-8
Ⅰ.湖… Ⅱ.①周… ②杨… ③叶… Ⅲ.农民—生活质量—调查研究—湖北省
Ⅳ.D422.7
中国版本图书馆 CIP 数据核字(2016)第 114353 号

责任部门:时政经济分社
责任编辑:曹新哲
封面设计:武汉尚上创意
责任校对:范承勇
责任印制:王铁兵

| | |
|---|---|
| **出版发行**:湖北人民出版社 | **地址**:武汉市雄楚大道 268 号 |
| **印刷**:武汉市福成启铭彩色印刷包装有限公司 | **邮编**:430070 |
| **开本**:710 毫米×1010 毫米 1/16 | **印张**:12.25 |
| **字数**:189 千字 | **插页**:3 |
| **版次**:2016 年 12 月第 1 版 | **印次**:2016 年 12 月第 1 次印刷 |
| **书号**:ISBN 978-7-216-08938-8 | **定价**:28.00 元 |

本社网址:http://www.hbpp.com.cn
本社旗舰店:http://hbrmcbs.tmall.com
读者服务部电话:027-87679656
投诉举报电话:027-87679757
(图书如出现印装质量问题,由本社负责调换)

# “中国调查”丛书编委会

## 吾辈使命

——写在前面的话

癸巳年秋，珞珈山下。著名历史学家、荆楚社科名家冯天瑜先生送我一套《东亚同文书院中国调查资料选译》。此书是冯先生等学者从浩如烟海的东亚同文书院中国旅行调查材料中，选择代表性的篇目翻译汇集而成。冯先生在扉页上题写赠言："日本为侵略中国，自明治以来，对中国作翔实调查，此书所载，可一斑窥豹。向强敌学习，对国情做深入的调研，是我辈的使命。"这年夏天，湖北省社会科学界第八次代表大会紧张筹备，我们也曾邀冯先生等专家学者为湖北社科事业的繁荣发展出计献策。先生建议，重视基础理论研究，重视国情省情调查。《东亚同文书院中国调查资料选译》一书的价值，体现着冯先生忧患意识和爱国情怀的寄语，以及冯先生对湖北社科事业的关切支持，直接促成了"中国调查"项目的产生。

尧舜孔孟，唐宋明清，分封割据，天下一统，农工兵商，京韵吴语，上下五千年，社会生活何等丰富多彩；江河湖海，崇山峻岭，楼台亭阁，村舍酒肆，秦砖汉瓦，藤角根穗，纵横九万里，中华大地如此物华天宝。中华人民共和国成立六十多年的时代印记，改革开放三十多年的文明进步，更是激荡起伏，日新月异。热爱并建设这个国家，当了解认识这个国家，而客观调查、认真分析这个国家，则是了解认识的有效途径。"向强敌学习"，要从具体事情做起，以至比强敌更强。吾辈的使命在认识，更在担当。于此时此地开始，坚持数年并由楚地推及全国的省情国情调查或将对社会有微薄贡献。基于此认知，湖北省社科联正式确定将“中国调查”作为重点项目予以立项。

社会调查，古往今来皆为执政者所重视，更有立志于此的文人学者，跋山涉水，实地考察，经年不倦。卷帙浩繁的古今文库中，有许多经典不朽之作可为楷模。“中国调查”丛书立项论证会上，专家皆推崇以费孝通先生的《江村经济》为范本。专家以为，“中国调查”各分篇，无论是全景展现，还是微型研究，无论是实地考察，还是问卷访谈，皆应如《江村经济》，尊重社会发展之客观规律，彰显实事求是之人文精神，追求科学严谨之学术标准，戒浮光掠影，戒空谈杜撰，戒阿谀奉承。《江村经济》是“人类社会学实地调查和理论工作发展中的一个里程碑”（英国社会人类学家布·马林洛夫斯基语），对于刚刚起步的“中国调查”项目而言，如果能有些许“一斑窥豹”的作用，我们将无比欣慰。

“中国调查”任重而道远，我们将脚踏实地，努力前行，不辱使命。

湖北省社会科学界联合会　曾婕

写于乙未年樱花盛开时节

# 总 序

湖北省社会科学界联合会组织湖北省社会科学工作者切入各相关领域，从事社会调查，已历岁时，初成一批各具特色的调查报告，辑为“中国调查”丛书，这是令人欣慰的一项成果。之所以说“令人欣慰”，因为在这里没有新老八股式的空话、套话、大话，而所见皆质朴、真实的基层情事，我们从中可以嗅到泥土的芬芳，听到民众的呼唤，触摸到社会生活的脉动。

社会调查是认识社会的基本方法。无论是实际社会工作者还是社会科学研究者，离开社会调查将一事无成。“没有调查就没有发言权”，上至最高领导人，下至普通百姓，概莫能外。

广义的社会调查，古已有之，如周代重视“采风”，专设“行人”“輶轩之使”到各地搜集民歌以了解民间疾苦，《诗经》中的《国风》就是采风的精选集结。汉代派员巡行，皇帝微服私访，设立乐府，采集乐府诗以认识百姓情志、社会实况，如此等等，皆初备“社会调查”之义。

系统的、有计划的社会调查始于近代工业文明时代，欧美、日本运用实证方法、文化人类学方法、经济统计学方法、抽样方法、定性研究和定量研究相结合方法、横剖研究与纵贯研究相结合方法等，对本国和他国作详尽的、巨细无遗的社会调查，并以科学手段加以整理，做出描述的、解释的和提出对策的研究成果。日本为实现其侵略中国的“大陆政策”，对中国的自然、社会、人文等作了广泛、细致的调查研究，仅以两个较庞大的中国调查机构——南满铁道株式会社调查部、东亚同文书院（前身汉口乐善堂）为例，其调查规模便足可惊人：它们分别对中国进行了长达四十年和六十年的调查，留下卷帙浩繁的调查报告和研究著作。满铁的中国调查报告有数十万件，出版书刊数千种，是各国研究近代东北、华北、华东社会的材料渊薮（当代西方汉学家黄宗智、杜赞奇的近代中国社会史名作多取材于此）。东亚同文书院的中国调查，地域达除西藏外所有省区之各市县镇（还远抵俄罗斯西伯利亚、远东，中南半岛、南洋群岛），涉及地理、历史、政治、经济、军事、民俗各领域，大至各时段政情演变（如辛亥革命、五四运动、北伐战争等），小至一条河川有几处渡口、冬夏各能摆渡多大船只。无怪乎抗战期间日本的军用地图比国民党军队的军用地图详尽、准确。在东亚同文书院对中国长期调查的基础上，日本东亚同文会1917—1920年编纂了《支那省别全志》，1941—1946年编纂了《新修支那省别全志》，2015年5月中国国家图书馆出版社影印出版了两志全50册。我在为两志影印版所作序言中说："它让我们具体了解近代日本从事中国踏查的广度与深度，认识其用心之深、用力之切，从而激发国人警醒；同时，通过展示日本的中国调查材料及其加工成品，也为晚清、民国研究敞开一个鲜为人知的资料库，并从方法论上提供若干研究国情、地情的启发。"[1]

毛泽东1941年在《〈农村调查〉的序言和跋》中，强调社会调查的重要性，并指出："中国幼稚的资产阶级还没有来得及也永远不可能替我们预备关于社会情况的较完备的甚至起码的材料，如同欧美日本的资产阶级那样，所以我们自己非做搜集材料的工作不可。"这里对"中国幼稚的资产阶级"来不及作较完备的社会调查的估量，大体符合历史实情。但需要补充的是，自晚清以降，中国一些有识之士已开始重视并躬亲社会调查，如清末的湖北留日学生鉴于"各国人之于其国也，无一事不有调查会，或政府提创之，或人民自组织之"，在1903年成立"湖北调查部"，对在本国、本省开展社会调查有所规划，列举了"政法上之调查""教育上之调查""经济上之调查""实业上之调查""军事上之调查""历史上之调查""地理上之调查""民族上之调查""出产上之调查""交通上之调查""外人势力上之调查"诸方面的调查细目。[2]然而限于条件，这一计划无法在晚清实现。

民国时期，国民政府的某些部门，如地震局，曾组织力量作专题社会调查，

[1] ［日］东亚同文会编：《中国省别全志》第1册，国家图书馆出版社2015年版，第8页。

[2] 张枬、王忍之编：《辛亥革命前十年间时论选集》第一卷上册，生活·读书·新知三联书店1977年版，第443～452页。

留下一批宝贵材料。某些从西方学习社会学、民族学回归的中国学者，作过高水平的社会调查研究，如陈达的《南洋华侨与闽粤社会》、费孝通的《江村经济》，至今仍闪耀光辉，被视作社会学范本。20 世纪 30 年代出版的“社会调查”丛书（中华平民教育促进会出版）也不乏佳作，如李景汉的《定县社会概况调查》便颇有价值。此后，各类调查研究报告续有面世，如费孝通的《乡土中国》、许烺光的《祖荫下》、杨懋春的《一个中国村庄：山东台头》、林耀华的《金翼：中国家族制度的社会学研究》等。

这批在艰困的条件下完成的社会调查论著，达到令国际学术界肃然起敬的水平，足证中国人完全有能力在社会调查研究领域攀登高峰。当然，就整体而言，清末、民国积贫积弱，战乱频仍，国家与民间无力作大规模、长时段、成系统的社会调查。

今天我们所拥有的条件，不可同日而语。以我省而论，有省社会科学界联合会的统筹组织，有各方面社会科学工作者的积极投入，未来可望涌现一批理论明晰、调查细致深入、记述真实可靠、建策独到的成果，为社会科学研究提供基础资料和精准数据。现在，“中国调查”首批项目已经付梓，又闻省社科联已筹谋接下来五年的项目计划，拟定调查研究重点，制定严谨的学术要求和规范，并将陆续推出“中国调查”丛书，以展现湖北省社科界调查研究原创力和高水平。我们乐观其成！

冯天瑜

2015 年 8 月 4 日于武昌珞珈山

# 目录

第一章　导言　/1

一、研究农民生活质量是社会进步的必然要求　/1

二、本书的主要内容　/4

第二章　湖北省与全国农民生活质量的综合分析与比较　/6

第一节　物质福利状况　/6

一、农民经济收入显著增长　/6

二、农民经营收入结构的建筑业与第三产业转向　/9

第二节　物质消费状况　/12

一、湖北省农民消费支出总体提升　/12

二、湖北省农民消费结构不断优化　/13

第三节　社会保障状况　/19

一、新型农村社会养老保险　/19

二、新型农村合作医疗　/24

第四节　公共安全状况　/25

一、生产安全　/26

二、交通安全　/27

三、消防安全　/30

四、社会治安　/33

五、食品安全　/34

第三章　农村社区居民的生存条件与文化生活　/35

第一节　农民生活质量之经济生活　/36

一、物质福利调查 / 36
二、消费状况调查 / 44
第二节 农民生活质量之文化生活 / 48
一、教育状况调查 / 49
二、闲暇状况调查 / 57
第四章 农村居民的公共服务与生态环境 / 66
第一节 农民生活质量之公共服务 / 66
一、社会保障调查 / 66
二、公共安全调查 / 71
第二节 农民生活质量之环境卫生 / 76
一、环境质量调查 / 77
二、健康状况调查 / 84
第三节 农民主观生活质量因子分析 / 92
一、研究背景 / 93
二、农民主观生活质量因子分析 / 95
三、研究结论与讨论 / 102
第五章 城乡居民生活质量的历史回顾：以 2002 年为例 / 104
第一节 2002年湖北城乡居民生活质量的状况分析 / 105
一、收入水平显著提高 / 105
二、消费支出结构的调整与变化 / 108
三、社会保障机制的建立与完善 / 111
四、文化教育事业欣欣向荣 / 113
五、体卫健康事业建设 / 116
六、社会人居环境的建设与改善 / 118
第二节 提高城乡居民生活质量的政策含义 / 120
一、居民增收政策 / 120
二、消费公共政策 / 121
三、社会保障政策 / 122
四、文化教育政策 / 123

五、公共卫生政策 /124
六、人居环境建设政策 /125
第六章 结论与讨论 /126
第一节 结论 /126
第二节 讨论 /129
一、农民生活质量中存在的问题与不足 /129
二、对策建议 /131
附录1 湖北省城镇居民主客观生活质量的调查与分析 /134
第一节 研究方法简述 /135
第二节 调查结果与分析 /135
一、调查问卷的内容与指标 /136
二、调查对象的基本情况 /136
三、客观因素调查结果与分析 /138
四、主观因素结果与分析 /143
第三节 趋势与讨论 /149
一、经济发展速度不高，经济增长方式过于单一 /154
二、消费水平不高，和先进省市差距拉大 /154
三、社会保障机制尚未完全建立，保险事业发展滞后 /155
四、环境质量仍需改善 /156
第四节 对策与建议 /156
一、完善经济结构，加快经济发展 /157
二、提高消费水平，完善消费结构 /157
三、提高教育水平，全面普及素质教育 /158
四、扩大就业再就业，健全和完善社会保障机制 /158
五、营造良好的生态环境和社会环境 /160
附录2 武汉市居民各阶层消费比较及其政策启发 /161
第一节 消费分层研究的理论问题 /162
第二节 调查结果及其分析 /164

一、研究方法 /164
二、样本基本构成 /165
三、调查结果及其分析 /166
第三节 形势与对策 /175
一、形势与问题 /175
二、对策与措施 /176
后 记 /179
编后记 /181

# 第一章 导言

## 一、研究农民生活质量是社会进步的必然要求

所谓生活质量，是指社会提高国民生活的富裕程度和国民生活需求的满意程度，是建立在一定的物质条件基础之上的社会全体成员对自身及其自身社会环境的认同感。生活质量概念的提出体现了人类对社会发展理念的深刻反思，明确了社会发展的最终目的是改善和提高全体人民的生活质量。

改革开放以来，我国经济社会生活发生了翻天覆地的变化，社会经济不断发展，人民生活水平不断提高，“中国梦”逐渐凝聚并走向现实。但是伴随着社会繁荣，社会发展中的一些问题也日渐凸显。如何合理地呈现当前人民群众的生活水平，如何科学地发掘出当前人们对生活质量的态度与评价，如何找出制约人民生活水平进一步提高的因素以及如何引导人民理性地消费、调整日常生活结构，这些都是进一步提高人民生活质量、实现中华民族伟大复兴必须面对的问题。正是在这样的背景下，生活质量作为一个重要的研究课题被提出并得到学术界的广泛关注。

进行生活质量研究的目的在于明确人民群众的生活质量水平，引导各级政府在制定各项经济社会政策时考虑人民群众的生活水平和生活质量的提高，同时引导人民群众正确地消费，对幸福有全面、正确的认识。因此，生活质量研究必须以科学理论为指导，将理论、实践和发展有机地结合起来，在涉及人民生活质量研究的过程中应遵循以下理论依据：

1. 提高人民的生活质量，要坚持以人为中心的社会发展理论

提高人民的生活质量，必须以以人为中心的社会发展理论为依据。所谓以人为中心的发展理论，即从人类自身的要求出发，把社会发展看作人的需要得到满足、人的素质与才能得到全面发挥的过程。以人为中心的发展观强调要从以物质为中心的经济增长转向以人为中心的人类发展，代表了人类社会发展观质的转变。其基本的内容是首先满足人的基本需要，如吃、穿、住、教育、卫生保健以及精神文化享受等，其次是人获得经济权、政治权、文化权、言论自由等各项权利。生活质量研究都是围绕以人为中心的发展理论而设置的，人均住房面积、社会保障覆盖率、人均预期寿命等都是这一理论的体现。

2. 提高人民的生活质量，要遵循人类社会发展的阶段性理论

提高人民的生活质量，必须以人类社会发展阶段性理论为依据。人类社会发展阶段性理论具体体现在经济社会发展的不同阶段，人们对生活目标的追求有明显的差异。比如，社会发展处于贫困或者温饱阶段时，人们所追求的是解决生存问题，满足人类生存的生理需要；当社会发展到小康阶段时，人们所追求的是在满足基本需求的前提下，进一步提高生活质量，在精神生活方面的需求更为强烈。所以，研究人民的生活质量必须从社会发展的阶段性特征出发，制定符合社会发展规律的研究方法。改革开放以来，中国经济持续增长，人民生活水平有了很大提高，而农民已经基本解决了温饱问题，进入小康阶段。这就需要我们的研究从以经济增长为主转变为适当考虑人们其他需求的模式。

3. 提高人民的生活质量，要始终坚持市场经济理论

提高人民的生活质量，必须以市场经济理论为依据。社会的发展和生活质量的提高都离不开一定的经济制度和经济发展水平。在现阶段具有中国特色的社会主义市场经济制度下，研究人民生活质量必须立足于国情，高度重视从计划经济向市场经济转变这一历史性变革的特征，注重市场经济对生活质量研究的引导作用。在人民生活质量的研究过程之中，一方面注重政府主办型的社会事业，另一方面也强调民间主办型和市场购买型的社会事业。

4. 提高人民生活质量，要以系统工程理论为依据

生活质量是一个多维度的概念，涉及社会生活的方方面面。换句话说，生活质量是一个复杂的大系统，包括经济子系统、社会子系统、环境子系统。

对于生活质量这一复杂大系统，只能用系统管理的理论才能全面地、发展地正确评价社会发展现状和生活质量水平。这一理论在我们全面评价农民生活质量的研究中有明显的体现。

5. 提高人民生活质量，还必须坚持可持续发展理论

研究人民的生活质量，应当以可持续发展理论为依据。所谓可持续发展，是指既满足当代人的需求，又不损害后代人满足他们自身需求的能力的发展。在生活质量的研究过程中，不以经济增长为评价人民生活质量的唯一指标，而以生态环境可持续发展为基础，以经济可持续发展为主导，以社会可持续发展为根本目的。将经济增长指标与环境保护指标有机地结合起来，综合评价人民生活质量，是可持续发展理论的具体体现。同时，人力资源指标（人均受教育年限）是个体可持续发展的基本条件。[1]

提高人民的生活质量是社会发展的终极目标，也是全面深化改革，建设更加美好的中国，进而实现“中国梦”的必经之路。发达国家和地区的发展经验表明，在经济建设达到一定程度之后，提高人民的生活质量将会成为发展的重点。同样，要实现“中部崛起”，重现“湖广熟，天下足”的盛景，就必须从湖北省居民的生活质量特别是农民的生活质量着手，通过提高农民的生活质量来提高社会整体的生活质量水平，进而增进湖北省社会发展的活力。因此，调查湖北省农民生活质量的现状，回顾其生活质量的历史变迁，对于湖北省经济社会的进一步发展具有重大的现实意义。

第一，研究湖北省农民生活质量有利于实现湖北农村社会转型。未来十年是湖北省经济社会发展的“黄金十年”，也是改善人民生活质量的“黄金十年”。与整个中国社会面临的转型现实一样，湖北省的经济社会发展同样面临着转型，这种转型不仅发生在城市，还从城市逐渐进入农村。在农村地区，这种转型包括承接来自城市的产业转移，通过引入城市的先进技术与设备从而升级产业结构，提高农村产业发展水平，改变劳动力结构，最终实现农村社会阶层结构的变迁；就社会服务而言，这种转型包括深化体制改革，完善以新农保、新农合和低保为代表的农村社会保障与福利等“安全网”体系，构建更加重视农民民生幸福的乡村治理体系。然而无论是经济转型还是社会转型，其根本方向都是更加重视农民个体福利，提升农民整体的幸福感。所以湖北

[1] 周长城：《社会发展与生活质量》，社会科学文献出版社 2001 年版，第 17 ～ 29 页。

省农村社会转型的根本核心在于提升农民的生活质量。摸清湖北省当前农民生活质量的现状，对于实现这样的转型，具有锚定基点和指示方向的重要意义。

第二，研究湖北省农民的生活质量有利于增进农民幸福，实现“中国梦”下的“湖北梦”。十八大以来，让改革开放的发展成果为全民共享，提升人民的幸福感，实现“中国梦”，已经成为全国各阶层人民的共识，而人民幸福感的提升直接表现为生活质量的提高。因此，提高湖北农民的生活质量是实现农民幸福的必然要求，也是实现“湖北梦”的直接体现。研究当前湖北省农民生活质量的现状与沿革是当前湖北社会发展的大势所在，也是总结经验教训、拟定合理科学的发展规划、满足湖北省广大农民群体的利益需求、增加农民幸福感的必要举措。

第三，从学术研究与政策制定而言，研究湖北省农民生活质量有利于提高学术界对生活质量这一研究领域的重视程度，促进更多科研成果的产生与运用，进而实现湖北省全领域、多层次和跨位面的前进。生活质量本身就是一个多维度的立体性概念，这一概念的内涵反映在日常生活之中，影响着日常生活的各个方面。就农民个人发展而言，对农民生活质量的研究可以引导湖北省的农民科学合理地提升自己的生活水平；对于政策制定机构而言，调查报告的形成则可为其制定政策提供可靠的理论和经验依据，减少决策失误并提高决策效率。

## 二、本书的主要内容

生活质量并不是单向的简单概念，而是一个多维度的立体性概念。在调查湖北省农民生活质量状况、探讨农民生活质量这一主题时，本书力图从多个角度展现农民生活质量的全貌。因此，在内容安排上，本书既从经验的视角对湖北省农民生活质量进行解读，呈现湖北省农民当前生活质量的截面，又从历史的角度梳理了湖北省城乡居民生活质量的历史成就。

在第二章中，本研究选取物资福利、消费、社会保障和公共安全这四个比较宏观且具有代表性的生活领域，对湖北省与全国的农民生活质量进行综合的分析与比较。其中在社会保障方面，在分析国内农民社会保障状况的同时，进一步引入国际视角，将美、德、法、日、加等国的社会保障状况列入考察和比较的范畴。在公共安全方面，对全国各省城乡居民的公共安全状况进行综合比较，以期从中发现湖北省在公共安全方面存在的特点与问题。

在第三章与第四章中，利用调查组搜集到的第一手资料，基于深入的个案调查，集中展示了湖北省M镇周边村庄农民当前的生活质量状况。本章的论述基于八个维度展开，分别是物质福利、消费、教育、闲暇、社会保障、公共安全、环境以及健康。从这八个维度出发，一方面考察了农民在收入、支出以及各项公共服务的享有等领域的客观生活质量，另一方面分析了农民对相应生活领域的主观认知和满意度。

在第五章中，本研究转换视角，从历史数据与资料出发，梳理了湖北省城乡居民生活质量的历史情况。通过对相应统计数据的分析处理，发现2002年湖北省城乡居民的生活质量提高表现在多个方面：收入增加、贫困减少、消费结构提升并趋向合理、社会保障机制不断完善、文化体育等娱乐事业蓬勃发展、医疗和教育体制革新成果显著以及人文居住环境明显改善。在得出城乡居民生活质量显著改善这一结论的同时，回顾湖北省政府提出并贯彻实施的一系列提高城乡居民生活质量的公共政策，包括居民增收政策、消费公共政策、社会保障政策、文化教育政策、公共卫生政策和人居环境建设政策。

在第六章中，对全书的调研结论进行总结与提炼，比较国内外、省内外的农民生活质量差异，回顾城乡生活质量的历史沿革，同时结合当前农民生活质量的现状，探讨农民生活质量发展中存在的一系列问题。在这样一个多维度和全方位的讨论基础之上，本书对湖北省农民生活质量的提高提出进一步的对策建议与展望。

在本书的结尾，将武汉大学生活质量研究与评价中心于2003—2004年间借助第一手调查资料完成的两项生活质量社会调查的调研报告《湖北省城镇居民主客观生活质量的调查与分析》和《武汉市居民各阶层消费比较及其政策启发》作为附录1与附录2列入书中，作为对第五章内容的支持与补充。这两篇报告重点调查了2003—2004年湖北省城镇居民的主观与客观生活质量状况。其中，附录1主要对湖北省城镇居民主客观生活质量状况进行调查与分析，从中发现城镇居民生活质量的发展趋势及其中存在的问题，并提出相应对策与建议；附录2则通过对城镇居民各阶层消费生活状况的调查，考察居民消费形势，并提出相应措施与对策建议。

# 第二章　湖北省与全国农民生活质量的综合分析与比较

“三农”问题一直以来都是中国经济社会发展变革的焦点所在，这是由中国“农业大国”的历史与现实地位所决定的。而位居中部的湖北，自古就有“鱼米之乡”“湖广熟，天下足”之美誉，时至今日仍然是重要的农副产品和原材料产区。第六次人口普查数据显示，湖北省农业户口人口数占总人口数比重为 69.00%，接近 70.86% 的全国平均值。鉴于湖北农业在中部地区乃至全国的重要地位、与全国平均水平相一致的农业人口比重，以及在中国版图上所处的中心位置，可以认为以湖北农民为对象调查其生活质量，具有一定的代表性。本章围绕物资福利、消费、社会保障和公共安全这四个比较宏观且具有代表性的生活领域，对湖北省农民生活质量进行综合分析，并与全国农民生活质量进行比较，以揭示湖北农民生活质量的实际水平，并指出存在的问题与不足。

## 第一节　物质福利状况

### 一、农民经济收入显著增长

一定的经济收入是个人生存与发展的基础，也是其生活质量的来源和前提条件，本研究将农民家庭的人均纯收入视为衡量其物质福利水平的重要指标。从湖北省农民家庭年人均纯收入的变化情况看，近十年来农民收入持续平稳增长，年人均收入从2004年的2890元增加到2013年的8867元，十年间增长了2倍，且近三年增幅较大。将湖北省与全国的农民家庭年人均收入进行对比后发现，两组数据的变化趋势一致，数值亦比较接近，但湖北省农民家庭人均纯收入始终略低于全国平均水平。这表明湖北农民的收入水平总体上处于全国平均水平附近，仍有上升的空间，如何进一步增加湖北省农民收入，在现阶段仍然是个重要的问题。可喜的是，从近十年来的发展趋势来看，湖北省农民家庭年人均纯收入与全国平均水平的差距在不断缩小，由2005年的155.70元缩小至2013年的28.95元。相对于全国平均水平，湖北省农民家庭收入有一定的进步与改善。

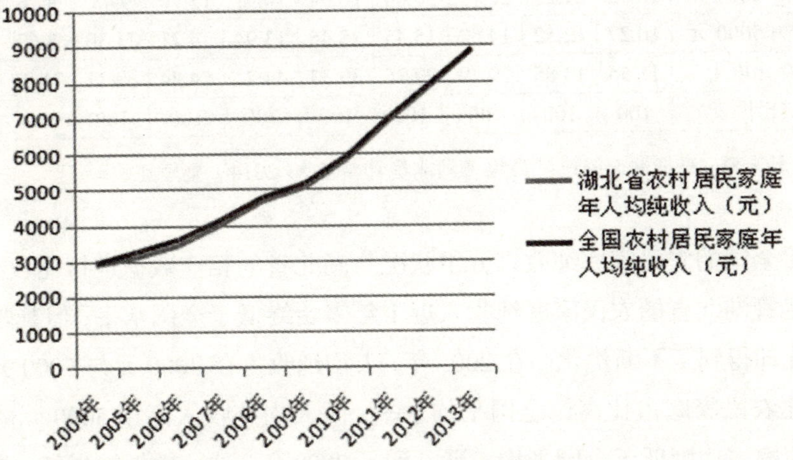


图2-1　2004—2013年全国及湖北省农民家庭年人均纯收入折线图

资料来源：根据国家统计局编《中国统计年鉴》（2014）与湖北省统计局编《湖北统计年鉴》（2014）整理而成。

进一步分析湖北省农民家庭年人均纯收入在2004年至2013年期间的分组状况可以发现，农民家庭纯收入近十年来总体上呈现出快速增长的态势。虽然数据有一定幅度的波动，但总体上年均纯收入低于4000元的农民家庭所占比例急剧降低。相比之下，收入位于4000元至5000元之间的农民家庭比例也在降低，但降速较缓，而收入5000元以上的高收入组则实现了高速的增长，十年间收入5000元以上的农民家庭比例增长了近6倍。这一系列数据都表明，2004 至 2013 年这十年是湖北省农民家庭收入显著增长的十年，是农民生活质量的基础与前提条件得到巩固的十年。

表 2–1 2004—2013 年湖北省农民家庭年人均纯收入分组百分比（%）

| | 2004 年 | 2005 年 | 2006 年 | 2007 年 | 2008 年 | 2009 年 | 2010 年 | 2011 年 | 2012 年 | 2013 年 |
|---|---|---|---|---|---|---|---|---|---|---|
| 600 元以下 | 1.97 | 1.45 | 1.36 | 1.03 | 1.18 | 1.48 | 0.73 | 1.76 | 1.39 | 0.52 |
| 600 ～ 800 元 | 2.39 | 2.09 | 1.85 | 1.03 | 0.82 | 0.67 | 0.18 | 0.30 | 0.09 | 0.10 |
| 800 ～ 1000 元 | 2.42 | 2.70 | 2.33 | 1.97 | 2.21 | 0.88 | 0.58 | 0.27 | 0.36 | 0.05 |
| 1000 ～ 1500 元 | 8.48 | 8.15 | 5.52 | 4.18 | 3.48 | 4.18 | 2.58 | 1.73 | 0.91 | 0.67 |
| 1500 ～ 2000 元 | 13.06 | 12.52 | 10.45 | 7.18 | 4.85 | 5.24 | 3.73 | 3.00 | 1.94 | 0.95 |
| 2000 ～ 3000 元 | 31.33 | 25.45 | 23.85 | 19.97 | 15.73 | 14.48 | 11.06 | 8.94 | 5.97 | 3.96 |
| 3000 ～ 4000 元 | 18.52 | 21.27 | 20.73 | 20.00 | 16.94 | 14.91 | 12.70 | 9.48 | 8.76 | 6.06 |
| 4000 ～ 5000 元 | 10.27 | 12.52 | 14.52 | 15.45 | 15.45 | 13.94 | 14.21 | 11.30 | 8.67 | 8.11 |
| 5000 元以上 | 11.55 | 13.85 | 19.39 | 29.36 | 39.33 | 44.21 | 54.24 | 63.21 | 71.91 | 79.58 |
| 合计 | 100 | 100 | 100 | 100 | 100 | 100 | 100 | 100 | 100 | 100 |

资料来源：根据湖北省统计局编《湖北统计年鉴》（2014）整理而成。

将全国的农民家庭纯收入分组状况与湖北省的相应数据进行比较，我们发现尽管湖北省的农民家庭纯收入近十年来始终低于全国水平，但其收入分层状况却得到了不断优化。在 2005 年，人均纯收入在 2000 元与 5000 元之间的湖北农民家庭占比高于全国平均水平，而人均纯收入高于 5000 元的湖北农民家庭占比则低于全国平均水平。到了 2009 年，这一数据被逆转，收入在 2000 ～ 4000 元的湖北农民家庭占比低于全国平均水平，而收入在 4000 元以上的湖北农民家庭占比高于全国平均水平，且这一趋势一直持续至 2012 年。虽然湖北省的农民收入在总量上与全国平均收入差别不大，甚至略低，但湖北省相对富裕的农民家庭所占比例却在不断增长并于近几年超过了全国平均水平。也就是说，湖北农民的经济分层结构在不断优化，这种优化的水平超过全国平均水平。

表 2-2　2005 年、2009—2012 年全国农民家庭年人均纯收入分组百分比（%）

| | 2005 年 | 2009 年 | 2010 年 | 2011 年 | 2012 年 |
|---|---|---|---|---|---|
| 2000 元以下 | 29.4 | 13.3 | 9.5 | 7.4 | 5.6 |
| 2000 ～ 3000 元 | 23.9 | 14.9 | 12.2 | 9 | 7.4 |
| 3000 ～ 4000 元 | 17.1 | 15.1 | 13.2 | 10.6 | 9 |
| 4000 ～ 5000 元 | 10.6 | 12.9 | 12.6 | 10.9 | 9.8 |
| 5000 元以上 | 19 | 44 | 52.3 | 61.9 | 68.1 |
| 合计 | 100 | 100 | 100 | 100 | 100 |

资料来源：根据国家统计局编《中国统计年鉴》（2014）整理而成。

## 二、农民经营收入结构的建筑业与第三产业转向

将农民家庭收入按照不同行业进行细分，可以得出农民在各行业分别的经营收入状况。根据 2004—2012 年的湖北省农民家庭经营收入数据可知，行业经营收入占农民经营总收入的比重上升的行业包括林业、渔业、工业、建筑业、交通运输邮电业、批零贸易餐饮业、社会服务和文教卫生业，而比重下降的行业包括农业、牧业和其他家庭经营收入。在占比上升的行业中，十年来增幅最大的行业是建筑业，增长了 1.51 倍；其次是交通运输邮电业，增长了 1.44 倍；再次是社会服务和文教卫生业，增长了 1.09 倍；之后是批发零售与贸易餐饮业（0.64 倍）、工业（0.33 倍）、渔业（0.27 倍）和林业（0.13 倍）。由此可知，在农民经营的各行业中，建筑业与服务业的发展最为显著，农民经营的收入结构出现了显著的建筑业与第三产业转向。如果考察全国的农民家庭经营收入结构，并将其与湖北省状况进行比较，则可以发现湖北农村在经营结构转向上的优势。全国行业经营收入占农民经营总收入的比重上升的行业包括林业、交通运输邮电业、批发零售与贸易餐饮业、社会服务和文教卫生业。其中增幅最大的为批发零售与贸易餐饮业，增长了 0.53 倍；其次是林业，增长了 0.50 倍；再次是交通运输邮电业，增长了 0.22 倍；最后是社会服务和文教卫生业，增长了 0.17 倍。也就是说，全国平均的农民经营收入结构的转向并不如湖北省那么明显。

表 2-3 2004—2012 年湖北省农民家庭年人均经营收入百分比（%）

| | 2004 年 | 2005 年 | 2006 年 | 2007 年 | 2008 年 | 2009 年 | 2010 年 | 2011 年 | 2012 年 |
|---|---|---|---|---|---|---|---|---|---|
| 农业收入 | 64.32 | 61.06 | 63.67 | 61.89 | 59.38 | 59.47 | 61.36 | 60.03 | 60.38 |
| 林业收入 | 1.17 | 1.51 | 1.66 | 1.61 | 1.44 | 1.34 | 1.29 | 1.29 | 1.32 |
| 牧业收入 | 20.23 | 21.41 | 17.85 | 19.80 | 22.07 | 19.46 | 17.12 | 16.51 | 15.55 |
| 渔业收入 | 4.96 | 5.12 | 5.75 | 5.68 | 6.34 | 7.03 | 6.49 | 6.36 | 6.30 |
| 工业收入 | 1.62 | 1.70 | 1.52 | 1.24 | 1.26 | 1.32 | 1.36 | 2.20 | 2.15 |
| 建筑业收入 | 1.05 | 1.82 | 1.99 | 2.24 | 2.31 | 3.00 | 3.04 | 2.73 | 2.64 |
| 交通运输邮电业收入 | 1.97 | 2.54 | 2.80 | 2.84 | 2.72 | 2.88 | 3.07 | 4.52 | 4.80 |
| 批零贸易餐饮业收入 | 2.88 | 3.13 | 3.21 | 3.17 | 3.10 | 3.72 | 4.34 | 4.45 | 4.73 |
| 社会服务和文教卫生业收入 | 0.81 | 1.04 | 1.07 | 1.19 | 1.04 | 1.43 | 1.55 | 1.49 | 1.69 |
| 其他家庭经营收入 | 1.00 | 0.67 | 0.42 | 0.33 | 0.31 | 0.32 | 0.37 | 0.38 | 0.40 |
| 合计 | 100 | 100 | 100 | 100 | 100 | 100 | 100 | 100 | 100 |

资料来源：根据湖北省统计局编《湖北统计年鉴》（2014）整理而成。

表 2-4　2004—2012 年全国农民家庭年人均经营收入百分比（%）

| | 2004 年 | 2005 年 | 2006 年 | 2007 年 | 2008 年 | 2009 年 | 2010 年 | 2011 年 | 2012 年 |
|---|---|---|---|---|---|---|---|---|---|
| 农业收入 | 60.52 | 59.51 | 60.05 | 59.43 | 58.59 | 59.28 | 60.84 | 58.87 | 59.63 |
| 林业收入 | 1.95 | 2.48 | 2.85 | 2.70 | 2.72 | 2.75 | 3.10 | 3.09 | 2.93 |
| 牧业收入 | 15.53 | 15.38 | 13.75 | 15.28 | 16.32 | 14.26 | 12.55 | 14.35 | 12.48 |
| 渔业收入 | 2.08 | 2.30 | 2.13 | 2.15 | 2.27 | 2.39 | 2.27 | 1.90 | 2.00 |
| 工业收入 | 3.36 | 3.31 | 3.55 | 3.51 | 3.35 | 3.44 | 3.29 | 3.25 | 3.35 |
| 建筑业收入 | 2.84 | 2.55 | 2.76 | 2.77 | 2.77 | 3.07 | 3.13 | 2.73 | 2.70 |
| 交通运输邮电业收入 | 4.18 | 4.56 | 4.57 | 4.31 | 4.26 | 4.42 | 4.43 | 4.75 | 5.10 |
| 批零贸易餐饮业收入 | 5.39 | 5.89 | 6.12 | 5.87 | 5.83 | 6.40 | 6.58 | 7.58 | 8.23 |
| 社会服务和文教卫生业收入 | 2.27 | 2.31 | 2.47 | 2.42 | 2.41 | 2.57 | 2.56 | 2.47 | 2.66 |
| 其他家庭经营收入 | 1.88 | 1.69 | 1.76 | 1.57 | 1.48 | 1.43 | 1.25 | 1.02 | 0.93 |
| 合计 | 100 | 100 | 100 | 100 | 100 | 100 | 100 | 100 | 100 |

资料来源：根据国家统计局编《中国统计年鉴》（2014）整理而成。

# 第二节 物质消费状况

## 一、湖北省农民消费支出总体提升

改革开放以来，湖北省农民的消费生活质量提高显著。这种提高首先表现在消费支出的数量上。根据国家统计局最近的数据显示（见图2-2），湖北省农村人均消费支出总体上呈现出较强的上升趋势，由2002年的1745.6元增长到2013年的6279.5元，十一年左右的时间增长了2.5倍。人均消费支出的快速增长是湖北省农民生活质量提高的直接指标，反映了近十几年来湖北省经济快速发展确实给农民带来了实在“红利”。在这种“发展红利”的基础之上，农民有能力也敢于追求高质量的生活。同时，必须要注意的是，尽管湖北省农民的人均消费支出增长速度与全国平均水平一致，但是在数量上持续位于全国平均水平之下。因此，如何将增速进一步提升，超越全国平均增速，进而实现农民消费生活质量的跃进式发展，这是未来湖北省提升农民生活质量的主要议题。

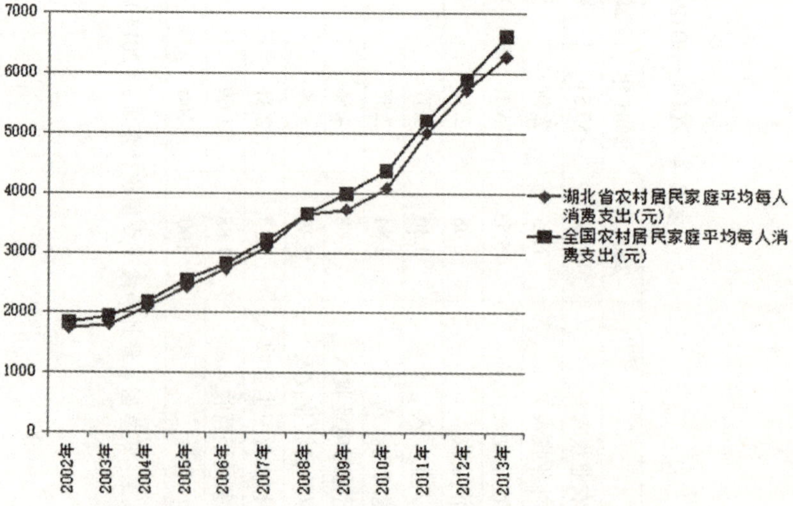


图2-2 2002—2013年全国与湖北省农民家庭人均消费支出

资料来源：中华人民共和国国家统计局国家数据网站：http://data.stats.gov.cn。

## 二、湖北省农民消费结构不断优化

在农民的日常消费之中，生活质量的提高一方面体现为食品消费比例的降低，另一方面则是农民家庭生活的现代化。前者表明农民日常生活超越温饱，后者则是农民日常生活迈向现代的见证。两者比例上的变化实际上反映了农民消费结构的变化，将会对农民的生活质量带来深远的影响。

### （一）湖北省农民食品消费状况

反映食品消费所占比重的主要指标是恩格尔系数。根据恩格尔定律，食品支出在居民消费支出中的比重将随着收入增加呈下降趋势，即恩格尔系数随收入增加而减少。事实情况也确实如此，根据表 2-5 的数据可以发现，尽管湖北省农民人均食品消费在消费金额上出现翻倍，但是人均食品消费的比重却在不断降低，由 2002 年前后的近五成下降到 2013 年的三成左右，食品消费对农民消费支出的占比额度大幅减少，这就为农民增加其他方面的消费支出提供了空间。

**表 2–5　湖北省农村家庭人均食品消费**

| 年份 | 人均食品支出（元） | 人均食品消费比重 |
|---|---|---|
| 2002 年 | 872.5 | 49.98% |
| 2003 年 | 931 | 51.68% |
| 2004 年 | 1076.3 | 51.52% |
| 2005 年 | 1192.3 | 49.06% |
| 2006 年 | 1278.9 | 46.80% |
| 2007 年 | 1479 | 47.86% |
| 2008 年 | 1711.3 | 46.85% |
| 2009 年 | 1668.4 | 44.79% |
| 2010 年 | 1763.1 | 43.10% |
| 2011 年 | 1954.6 | 39.01% |
| 2012 年 | 2154 | 37.61% |
| 2013 年 | 2308.5 | 36.76% |

资料来源：中华人民共和国国家统计局国家数据网站：http://data.stats.gov.cn。

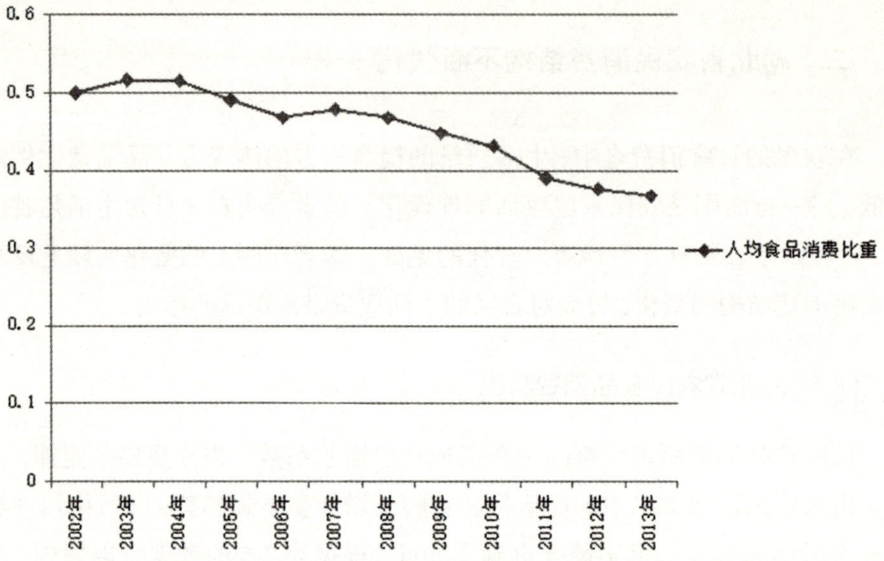


图2-3 湖北省农村家庭人均食品消费比重变化

资料来源：中华人民共和国国家统计局国家数据网站：http://data.stats.gov.cn。

### （二）湖北省农民耐用消费品消费状况

耐用消费品是提高农民生活质量的重要物件。在实现“中国梦”进程中，耐用消费品的种类不断扩充，既包括固定电话、电视机、冰箱、自行车等传统的家居消费品，也包括抽油烟机、洗衣机、摩托车和汽车等进一步提高生活品质的消费品。随着我国逐步转入信息化社会，计算机、移动电话和照相机等高科技产品也进入了耐用消费品的行列。这些耐用消费品直接带来了家庭生活的现代化、电气化和智能化。因此，农民家庭拥有耐用消费品的数量直接反映了农民生活质量的提高。

根据国家统计局的数据，即表2-6所说明的，湖北省农民的耐用消费品种类上已经渐次向城市靠近，耐用消费品的数量则出现持续的增加，耐用消费品的支出比重持续上升。其中移动电话、电视机、冰箱、摩托车和洗衣机的拥有量已经超过半数，而且移动电话和电视机已经实现超过百分之百的覆盖，日常的耐用消费品对于农民而言已经成为了生活运作的默认选项。此外，值得注意的是，计算机的拥有量也表现出极大的增长，表明农民开始拥抱信息化，生活质量水平提高显著。这一切是近年来湖北省经济社会发展带来的直接“福利”，特别是国家近五年来启动扩大内需战略，“家电下乡”“汽车下乡”等大件耐用消费品进入农村市场，农村居民的消费供给持续增加，农民消费水平开始有温饱转向小康，生活质量提升显著。

表 2–6　湖北省农村家庭耐用消费品拥有量

| 类　别 | 2002 年 | 2012 年 |
|---|---|---|
| 平均每百户洗衣机拥有量（台） | 20.4 | 62.4 |
| 平均每百户电冰箱拥有量（台） | 8.1 | 80.2 |
| 平均每百户空调拥有量（台） | 0.4 | 33.2 |
| 平均每百户抽油烟机拥有量（台） | 1 | 15.8 |
| 平均每百户自行车拥有量（辆） | 111.3 | 46.5 |
| 平均每百户摩托车拥有量（辆） | 20.9 | 74.8 |
| 平均每百户固定电话拥有量（部） | 23.9 | 40.1 |
| 平均每百户移动电话拥有量（部） | 7.6 | 215.1 |
| 平均每百户黑白电视机拥有量（台） | 65.9 | 1.5 |
| 平均每百户彩色电视机拥有量（台） | 44.3 | 116.2 |
| 平均每百户照相机拥有量（台） | 1.3 | 3.6 |
| 平均每百户计算机拥有量（台） | 1.4 | 19.7 |

资料来源：中华人民共和国国家统计局国家数据网站：http://data.stats.gov.cn。

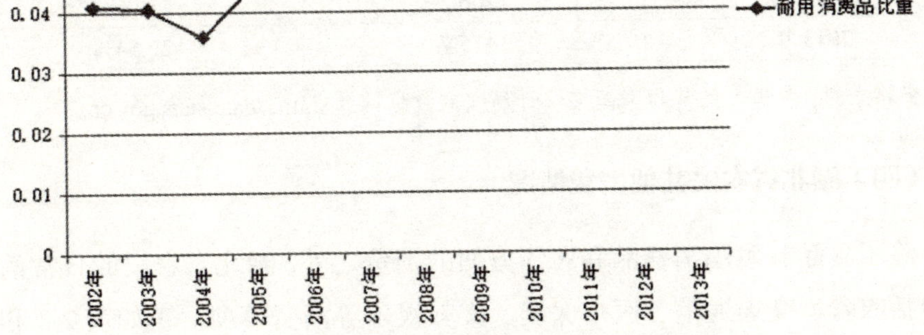


图2-4　耐用消费品比重变迁

资料来源：中华人民共和国国家统计局国家数据网站：http://data.stats.gov.cn。

## （三）湖北省农民居住消费支出变化

作为最基本的消费资料，住房是居民家庭消费和个人消费得以进行的场所。在农民消费水平、消费质量逐步提高的过程中，住房消费状况也会不断得到改善。同时，随着我国新型城镇化进程的推进，对于农村的扶助与开发的力度不断加深，农民向市民转换，农民生活也逐渐向城市居民生活靠拢，因此农民的居住消费比重呈现出来显著的上升趋势。农民的消费结构发生跳跃性的变化，这是继改革开放的衣食消费、20 世纪 90 年代的家用电器消费之后的新一波消费热潮。正如表 2-7 所示，湖北省农民的人均消费支出在 2013 年已经到达 1415.7 元，占比达到 22.54%，在十一年间增长了 5 倍，其增长速度甚至快于农民总体消费支出增长。

表 2–7　湖北省农民人均居住消费支出变化

| 年份 | 人均居住消费支出（元） | 人均居住消费支出比重 |
|---|---|---|
| 2002 年 | 235.6 | 13.50% |
| 2003 年 | 223.4 | 12.40% |
| 2004 年 | 274.1 | 13.12% |
| 2005 年 | 310.3 | 12.77% |
| 2006 年 | 377.3 | 13.81% |
| 2007 年 | 434.9 | 14.07% |
| 2008 年 | 651.5 | 17.84% |
| 2009 年 | 702.6 | 18.86% |
| 2010 年 | 816.4 | 19.96% |
| 2011 年 | 1086.9 | 21.69% |
| 2012 年 | 1206.2 | 21.06% |
| 2013 年 | 1415.7 | 22.54% |

资料来源：中华人民共和国国家统计局国家数据网站：http://data.stats.gov.cn。

## （四）湖北省农民其他消费情况

除了食品、耐用消费品和居住方面的消费之外，湖北省农民的日常消费还包括衣着、交通通信、医疗保健、文教娱乐等消费事项。正如表 2-8 和图 2-5 所展示的，在各消费事项中，衣着消费支出和其他消费支出自 2002 年以来并没有显著的变化，基本保持稳定；但交通通信消费、文教娱乐和医疗保健消费均出现显著变化。其中文教娱乐消费支出比重显著降低，由 2002 年的 13.34% 下降到 2013 年的 6.49%。具体到近三年的文教娱乐消费情况，2011 年湖北省农民平均在文教娱乐上的消费支出是 341.87 元，占全年生活消费总支出的 6.8%;2012 年的文教娱乐消费支出为 394.63 元，占比为 6.9%;2013 年的文教娱乐支出则为 407.42 元，占比降至 6.5%。可见，近三年来湖北省农民在文教娱乐方面的消费支出变化并不显著。旅游消费是农民文教娱乐消费中层次较高的一项，根据 2014 年《国家统计年鉴》，我国农村居民 2011 年人均旅游花费为 471.4 元，占家庭收入总消费支出的 8%;2012 年是 491.0 元，占比为 7.4%;2013 年为 518.9 元，占比为 7%。可见，湖北省近三年的农村居民在文化娱乐等方面的支出额和全国水平有一定差距，所占比例也略低。总之，湖北省农村居民用于休闲娱乐的消费支出并不多。造成这一现状的原因一方面是农村居民大都缺乏休闲娱乐消费的计划，而是把收入主要用于食品、家庭耐用品的支出上；另一方面就是农民每年真正的可支配收入不足以支持旅游等高消费娱乐休闲项目支出。

与文教娱乐支出相反，交通通信支出比重和医疗保健消费支出比重则分别从 2002 年的 5.67% 和 5.18% 上升至 2013 年的 9.65% 和 9.94%。信息化时代的到来是农民交通通信支出比重增加的大背景。医疗保健支出比重的提高则是农民重视自身身体健康的体现，在实现基本的温饱甚至小康以后，农民有能力和条件去关注自身的身体健康问题。但无论是文教娱乐支出比重降低，还是交通通信和医疗保健支出比重提高，农民当前的消费结构已经出现变化，农民的消费结构开始向个人健康靠拢，开始与信息化的时代主题相契合，这无疑反映了农民生活质量的提高。

**表 2–8　湖北省农民部分消费支出比重**

| 年份 | 衣着 | 交通通信 | 文教娱乐 | 医疗保健 | 其他 |
|---|---|---|---|---|---|
| 2002 年 | 4.62% | 5.67% | 13.34% | 5.18% | 3.61% |
| 2003 年 | 4.45% | 6.78% | 12.43% | 5.31% | 2.91% |
| 2004 年 | 4.48% | 7.79% | 11.76% | 5.30% | 2.43% |
| 2005 年 | 5.14% | 9.18% | 11.19% | 5.57% | 2.56% |
| 2006 年 | 5.37% | 9.01% | 10.70% | 6.31% | 3.04% |

续表

| 年份 | 衣着 | 交通通信 | 文教娱乐 | 医疗保健 | 其他 |
|---|---|---|---|---|---|
| 2007 年 | 5.46% | 9.10% | 9.19% | 5.79% | 3.14% |
| 2008 年 | 5.12% | 7.95% | 7.31% | 5.76% | 2.73% |
| 2009 年 | 5.25% | 8.25% | 7.56% | 6.34% | 2.80% |
| 2010 年 | 5.32% | 8.10% | 7.04% | 7.22% | 2.85% |
| 2011 年 | 5.43% | 8.27% | 6.82% | 8.75% | 2.86% |
| 2012 年 | 5.52% | 8.66% | 6.89% | 10.34% | 2.96% |
| 2013 年 | 5.54% | 9.65% | 6.49% | 9.94% | 2.31% |

资料来源：中华人民共和国国家统计局国家数据网站：http://data.stats.gov.cn。

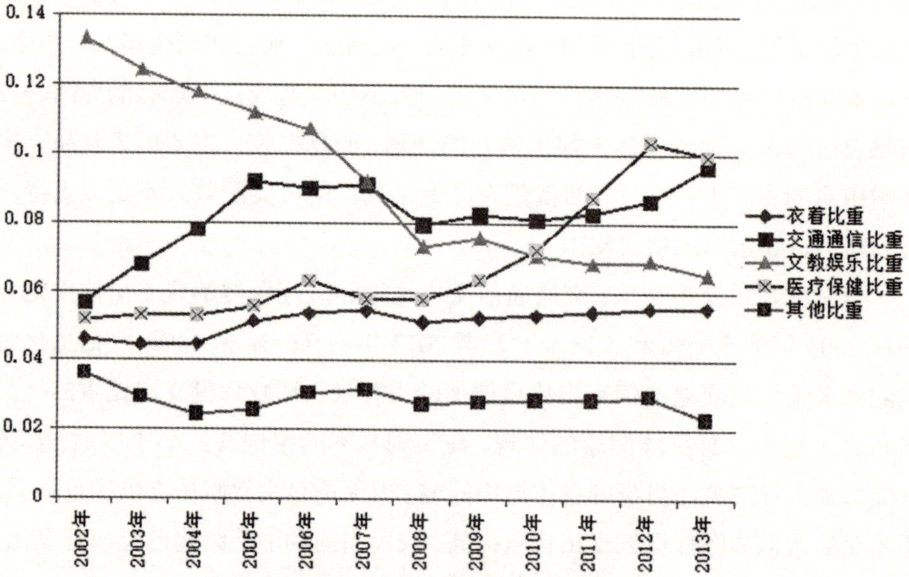


图2-5　湖北省农民部分消费支出比重变迁

资料来源：中华人民共和国国家统计局国家数据网站：http://data.stats.gov.cn。

综合上述调查结论可知，改革开放以来，随着湖北省经济社会的迅速发展，农民的收入水平得到显著提升，物质福利增加，由温饱转向小康，并开始追求自己的“中国梦”。特别是消费支出总量上的增加和层次上的丰富，使得农民得以从生存性消费中摆脱，能够将更多的资源用于获取高质量的消费品，增加自己在个人健康、居住环境和现代生活上的投资。

# 第三节　社会保障状况

本部分采用两个主要的指标来反映农村社会保障的内容：新型农村社会养老保险和新型农村合作医疗。

## 一、新型农村社会养老保险

改革开放以后，中国的工业化程度不断加深，传统的家庭不断向现代家庭转化，家庭规模不断变小，使得家庭应对各种风险的能力变弱，原本由家庭承担的功能逐渐从家庭中分离出来。家庭养老是传统家庭中的一项重要功能，但是由于家庭结构的变迁，社会开始承担起养老的功能。目前相对于城镇居民的养老保障体系，农村社会养老保险体系依旧是我国社会保障体系中比较薄弱的环节之一，但是我国人口比例大，农村人口老龄化趋势日益严峻，为了保证我国经济社会的健康发展，构建社会主义和谐社会，我们必须不断探索和完善农村的社会养老保障体系。

### （一）农村社会养老保险制度的国际比较

世界上已经有 170 多个国家和地区建立起了社会养老保险制度，其中有 70 多个国家和地区的社会养老保险制度已经覆盖到了农村。一些西方发达国家的社会养老保险制度已经有了一百多年的历史，其制度相对完善，同时社会养老保险几乎覆盖了所有农业人口，这些国家在社会养老保险制度上的经验是值得我们借鉴和学习的。

表 2–9　国内外关于农村养老保险的状况

| 国家 | 城镇养老保险建立时间 | 农村养老保险建立时间 | 相差时间（年） | 农村养老保险建立时人均 GDP（美元） | 建立时农村劳动人口占比（%） |
|---|---|---|---|---|---|
| 美国 | 1935 | 1990 | 55 | 23156 | 2.3 |
| 德国 | 1889 | 1957 | 68 | 6492 | 13.7 |

续表

| 国家 | 城镇养老保险建立时间 | 农村养老保险建立时间 | 相差时间（年） | 农村养老保险建立时人均 GDP（美元） | 建立时农村劳动人口占比（%） |
|---|---|---|---|---|---|
| 法国 | 1898 | 1952 | 54 | 5659 | 26 |
| 日本 | 1891 | 1961 | 70 | 5456 | 19.7 |
| 加拿大 | 1927 | 1990 | 63 | 18872 | 3.3 |
| 中国 | 1998 | 2009 | 11 | 3678 | 60 |

资料来源：王军：《中国农村社会保障制度建设：成就与展望》，《财政研究》2010 年第 8 期。

从表 2-9 可以得出如下结论：

第一，我国从建立城镇养老保险制度到建立农村养老保险制度所经历的时间较短。社会养老保险体制最先都是在城市中建立起来，随着经济的不断发展，逐步向农村普及。其中日本在二者的建立时间上相差了 70 年，德国为 68 年，加拿大 63 年，美国 55 年，法国 54 年，而中国只用了 11 年。结合我国的具体情况，农村养老保险制度在建立时，农村劳动力占比为 60%，远远高于法国的 26%、日本的 19.7%、德国的 13.7%、加拿大的 3.3% 和美国的 2.3%。因为我国农村劳动力多，关系着经济的健康发展和长治久安，故推行农村社会养老保险制度的速度快于一些发达国家。

第二，我们国家在建立农村养老保险制度时经济发展水平不高。现代的社会保险制度是工业化的产物，推行现代社会保险制度的重要基础是经济的发展水平，只有具有一定的经济基础，才能够保证社会保险制度更好地开展。西方发达国家在建立农村社会养老保险的制度的时候，其经济水平相对于我们国家已经达到了一个较高的水平。其中美国在建立农村社会保险制度时的人均 GDP 有 23156 美元，加拿大 18872 美元，德国 6492 美元，法国 5659 美元，日本 5456 美元，而中国只有 3678 美元。

由于我们国家在城镇社会养老保险制度和农村社会养老保险制度的建立时间间隔较短，建立的时候经济发展水平不够高，所以有必要通过比较我们国家与其他国家的农村养老保险制度，然后结合自身的国情，对我们国家的农村社会养老保险体制进行适当的修正及调整，而我们比较的方面包括：参保的对象、资金的来源和养老金发放标准。

根据李迎生对于农村社会养老保险制度的分类，形成了三种主要的制度类型：统一制度型、专门制度型、统分结合制度型。[1] 其中统一型包括美国，专门型包括德国和法国，统分型包括日本和加拿大。

第一，美国的社会养老保险制度把全体农民都纳入一般社会保障制度之中，是一个强制的计划。参保对象：根据联邦政府的《社会保障法》和《老、残、遗属保险法》等相关法律规定，美国社会养老保险覆盖范围包括联邦及州和地方政府公务员、自营业者、私营企业的雇员、宗教慈善事业及教育等非盈利机构的雇员、接受小费的雇工、铁路工人、农场工人、家庭工人、农场主、牧师、军师人员和国外工作人员等。资金来源：美国养老保险的资金主要来自雇员和雇主交纳的社会保障税，共 15.3%，只不过一半由雇员出，一半雇主出，雇员交税的收入最高额为 5.5 万美元，超过部分免税。养老金发放标准：将指数化的月平均工资基数分为三段，基数 370 美元以下为低段，按 90% 发放；371 美元到 2230 美元为中段，按 32% 的比例发放；2230 美元以上为高段，按 15% 发放。[2]

第二，德国制定了针对农村人口的养老保险制度。覆盖范围：农场主及其配偶和共同劳作的家属。资金来源：三分之一来源于投保人缴纳的保险费，三分之二由联邦政府补贴。养老金发放标准：养老金基值 × 级数 = 月养老金。[3]

第三，加拿大采用的是混合体制，既把农民纳入了一般社会保障制度之中，又建立了独立的农民社会保障制度。一般的是老年保障金，全部由财政支出，覆盖全体加拿大国民，每人每月税后 200 加元。而其独立的农民社会保障制度带有强制性。

第四，中国在 2009 年之后开始逐步建立了新型农村社会养老保险制度。覆盖范围：年满 16 周岁、非在校学生、非参加城镇职工基本养老保险的农村村民，在户籍地自愿参加。资金来源：个人缴费、集体补助、政府补贴。养老金发放标准：包括基础养老金和个人账户养老金两部分。基础养老金：全国标准基础养老金 55 元加上地方政府按实际情况加发的基础养老金。个人账

---

[1] 李迎生：《社会保障与社会结构转型》，中国人民大学出版社 2001 年版。

[2] 柏杰、席西民：《美国的养老保险及其争议》，《中国工业经济》1993 年第 3 期。

[3] 郑春荣：《德国农村养老保险体制分析》，《社会保障制度》2003 年第 4 期。

户养老金：月计发标准为个人账户全部存额除以 139。[1]

## （二）我国“新农保”制度现状

我国“新农保”制度是从 2009 年 9 月正式启动的，它成为了农民养老的一种选择，也成为影响农民生活质量的重要组成部分，所以下文将来了解新农保的实施现状和效果。

**表 2–10　全国“新农保”的发展状况**

| 年份 | 总覆盖面积（%） | 参保人数（亿） | 领取人数（万） | 基金收入（亿元） | 基金支出（亿元） |
|---|---|---|---|---|---|
| 2010 | 24 | 1.43 | 2863 | 453 | 200 |
| 2011 | 60 | 3.58 | 8525 | 1070 | 588 |

数据来源：作者根据《2011 年中国人力资源和社会保障事业发展统计公报》数据整理。

**表 2–11　全国各地区“新农保”的参保率**

单位：%

| 年份 | 东北 | 西北 | 华北 | 华东 | 华中 | 华南 | 西南 |
|---|---|---|---|---|---|---|---|
| 2010 | 28.31 | 54.15 | 39.06 | 48.13 | 31.16 | 7.49 | 22.13 |
| 2011 | 48.37 | 75.26 | 75.48 | 81.41 | 80.38 | 54.18 | 56.48 |

资料来源：作者根据《中国农民状况发展报告 2013》，北京大学出版社 2014 年版数据整理。

根据已有数据（见表 2-10）显示，从 2009 年实施“新农保”制度以来，2010 年总覆盖面积达到 24%，到 2011 年迅速增加到 60%，增长率为 150%。参保人数从 2010 年的 1.43 亿人增加到 3.58 亿人，增长速度为 150%。养老金的实际领取人数从 2010 年的 2863 万人增加到了 8525 万人，增长速度为 198%。总体而言，自“新农保”制度实施以来，我国农村参保人数不断增加，覆盖率不断提高，有的地方已经实现了全覆盖。

全国“新农保”的覆盖率不断提高，但是由于各地区的实际条件不同，各地区参保率也出现了一定的差别。如表 2-11 数据显示，湖北省所在的华中

[1]　李冬妍：《“新农保”制度：现状评析与政策建议》，《南京大学学报》2011 年第 1 期。

地区，2010 年的参保率为 80.38%，仅次于比较发达的华东地区的 81.41%。而且华中地区的参保率从 2010 年的 31.16% 上升到 2011 年的 80.38%，其增长了 49.22%，也远远大于全国的其他地区。

**表 2-12　全国各地区“新农保”每月领取平均养老金水平**

单位：元

| 年份 | 东北 | 西北 | 华北 | 华东 | 华中 | 华南 | 西南 |
|---|---|---|---|---|---|---|---|
| 2010 | 66.33 | 178.86 | 118.35 | 91.9 | 127.93 | 240.58 | 115.94 |
| 2011 | 91.57 | 153.29 | 96.44 | 104.04 | 59.86 | 76.75 | 149.01 |

资料来源：作者根据《中国农民状况发展报告 2013》，北京大学出版社 2014 年版数据整理。

从表 2-12 数据可以发现，每月领取平均养老金水平除了东北、华东和西南地区保持上升以外，其他的地区都出现了不同程度的下降。湖北省所在的华中地区下降幅度最大，而且到 2011 年，其每月领取养老金的水平在各地区中排名最低，只有 59.86 元。

**表 2-13　全国各地区农民对“新农保”评价状况**

单位：%

| 满意度 | 东北 | 西北 | 华北 | 华东 | 华中 | 华南 | 西南 |
|---|---|---|---|---|---|---|---|
| 满意 | 66.67 | 78.48 | 81.31 | 79.91 | 78.63 | 55.47 | 72.69 |
| 一般 | 26.87 | 18.83 | 15.89 | 16.92 | 16.97 | 33.58 | 16.99 |
| 不满意 | 6.47 | 2.69 | 2.80 | 3.17 | 4.50 | 10.94 | 10.32 |
| 合计 | 100 | 100 | 100 | 100 | 100 | 100 | 100 |

资料来源：作者根据《中国农民状况发展报告 2013》，北京大学出版社 2014 年版数据整理。

表 2-10、表 2-11 和表 2-12 是从国家和地区层面上了解农民参与“新农保”制度的客观指标，而表 2-13 则反映农民对“新农保”制度的主观评价和感受。根据表中数据，结合前表，我们可以看出，虽然华中地区每月领取的平均养老金在各地区中排名最低，但是农民对于“新农保”制度的评价，从数据中看来还是比较满意的，表示满意的占比达到 78.63%。

## 二、新型农村合作医疗

随着经济的不断发展，我们国家和社会已经基本解决了人民的温饱问题，而人民的需求层次也随着经济的发展而不断提高，不断追求更好的生活质量。好的生活质量的一个前提条件就是拥有一个健康的身体，这是需要社会和国家提供足够的、先进的医疗社会来保障的。所以医疗条件的好坏也成为反映人民生活质量的一个重要指标。

### （一）医疗水平的国际比较

表 2-14 是我们国家和上文所提到的发达国家的人类发展指数的排位和一些医疗的基本情况。其中美国在这些国家中 HDI 位次排名最高，而中国排最后一位。从表中还可以看出我们国家每万人的医生数与发达国家还存在一定的差距。从 2011 年医疗总开支中自付费用的占比来看，我们国家自费的比重还是很高，达到 34.8%，远高于其他国家。

表 2-14　中国和部分发达国家 HDI 位次与部分医疗状况

| HDI 位次 | 2003—2012 年每万人医生数（人） | 2011 年自付费用（占医疗总开支的百分比） |
|---|---|---|
| 美国 | 24.2 | 11.3 |
| 德国 | 36.9 | 12.4 |
| 加拿大 | 20.7 | 14.4 |
| 日本 | 21.4 | 16.4 |
| 法国 | 33.8 | 7.5 |
| 中国 | 14.6 | 34.8 |

数据来源：作者根据《人类发展指数报告》（2014）整理而来。注：HDI 表示的是人类发展指数。

### （二）我国“新农合”的现状

新型农村合作医疗，是 2003 年开始实行的，它是由政府组织、引导和支持，农民自愿参加的，其资金来源靠个人缴费、集体扶持和政府资助，是以大病统筹为主的农民医疗互助共济制度。根据有关数据显示，到 2011 年末，新型农村合作医疗的参加人数已有 8.32 亿人，参合率已经达到 97.48%，其中湖北省的参合人数达到 3890 万人。[1]

表 2–15　全国农民对“新农合”的评价状况

单位：%

| 地区 | 非常满意 | 比较满意 | 一般 | 不太满意 | 很不满意 | 合计 |
|---|---|---|---|---|---|---|
| 东北地区 | 15.89 | 53.74 | 15.88 | 14.02 | 0.47 | 100 |
| 西北地区 | 33.41 | 42.26 | 16.81 | 6.19 | 1.33 | 100 |
| 华北地区 | 20.63 | 53.26 | 16.42 | 9.26 | 0.43 | 100 |
| 华东地区 | 21.93 | 50.05 | 19.47 | 7.70 | 0.86 | 100 |
| 华中地区 | 22.53 | 52.76 | 14.53 | 9.74 | 0.44 | 100 |
| 华南地区 | 22.60 | 38.70 | 19.52 | 16.10 | 3.08 | 100 |
| 西南地区 | 25.49 | 53.37 | 13.44 | 7.11 | 0.59 | 100 |

资料来源：作者根据《中国农民状况发展报告 2013》，北京大学出版社 2014 年版数据整理。

从表 2-15 可以看出，不同地区农民对于“新农合”的满意程度不同，农民表示“满意”居前面两位的分别是西南地区和西北地区，占比为 78.85% 和 75.67%。而湖北省所在的华中地区农民表示“满意”所占的比重达到 75.29%，“不满意”所占的比重为 10.18%。

## 第四节　公共安全状况

随着当前社会的迅速变迁和发展，人类社会已进入一个“风险”甚至是“高风险”社会，当前的社会公共安全问题也日益严重，据统计，“十五”期间，我国每年因自然灾害、事故灾难、公共卫生事件和社会安全事件造成的损失，相当于 GDP 的 6%。公共安全问题在造成经济损失的同时，还会直接影响人们的生活幸福感和安全感。因此社会公共安全问题已成为当前和谐社会治理中一个不可忽视的环节。

[1]　数据来源：中华人民共和国卫生部编：《2012 年中国卫生统计年鉴》。

## 一、生产安全

所谓生产事故是指发生在各种工作场所并导致人员伤亡或职业性病患的事件，在本报告中生产安全事故包括工矿商贸事故、道路交通事故、火灾事故、水上交通事故、铁路交通事故、农业机械事故。在党中央、国务院对安全生产的高度重视和正确领导及相关部门的努力下，近几年全国的安全生产保持了总体稳定、持续转好的态势。据国家安全监管总局调度统计：2011 年全国发生各类事故 347728 起，死亡人数 75572 人，同比分别下降 15655 起、减少 3980 人，占比分别为 4.3% 和 5%；2012 年在“打非治违”为重点，深入开展“安全生产年”活动的背景下，安全生产形势持续稳定好转，事故总量明显下降，全国各类事故起数和死亡人数同比下降 3.1% 和 4.7%；2013 年又在此基础上，各类事故起数和死亡人数同比分别下降 8.2% 和 3.5%，其中各类生产安全事故共死亡 69434 人。亿元国内生产总值生产安全事故死亡人数为 0.124 人，比上年下降 12.7%；工矿商贸企业就业人员 10 万人生产安全事故死亡人数为 1.52 人，下降 7.3%；道路交通万车死亡人数为 2.3 人，下降 8.0%；煤矿百万吨死亡人数为 0.288 人，下降 23.0%。

对比全国安全生产持续转好的态势，湖北省也呈现良好形势，据湖北省安全生产监督管理局统计数据显示：2011 年，全省各类生产安全事故主要指标总体趋好，全年发生各类事故 15385 起，死亡人数 2464 人，同比分别下降 8.01%、15.88%，比全国平均数分别多下降 3.71、10.88 个百分点。工矿商贸领域事故首次下降到 420 人以下；2012 年全年发生各类事故 11631.5 起，死亡人数 2319 起，同比分别下降了 24.45%、5.96%，比全国平均水平多下降 21.3 和 1.2 个百分点。工矿商贸领域事故首次下降到 400 人以下；2013 年湖北省在全面落实省委、省政府加强安全生产工作的一系列决策部署，深入开展安全生产大检查，严格监管执法和事故查处的背景下，全省安全生产形势继续保持稳定好转态势，全年发生各类事故 11548 起，死亡 2279 人，同比分别下降 8.01%、10.02%。总体上而言各类事故继续双下滑，较大事故大幅下降，大部分行业（领域）事故下降，各州市指标实施较好，安全生产相对指标总体良好。尽管总的趋势是好的，但是湖北省的安全生产还是存在的一些问题，如重大事故发生的频率还是较高，在 2013 年湖北省重大事故发生 3 起，居全国第 5 位；各行业安全生产状况也不尽平衡，有 7 个市四大类事故起数同比上升，有 1 个市四大类事故死亡人数同比上升；指标控制不平衡，全省重大事故、烟花爆竹事故死亡人数、6 个市单项指标超控制指标。

## 二、交通安全

交通安全关系到人们的出行。从 20 世纪 80 年代以来中国交通事故年死亡人数首次超过 50000 人至今，中国交通事故率死亡人数已连续十多年居世界第一，比起其他事故造成的人员伤亡和经济损失，交通事故的危害有过之而无不及。以 2013 年为例，全国全年发生交通事故 198394 起，死亡人数 58539 人，造成的直接财产损失达 103896.6 万元。全国层面而言，随着近年来交通法规的完善等客观有利因素，近三年交通事故起数、死亡人数逐年减少，湖北省近三年的交通事故死亡人数也在连年降低，且交通事故万人死亡率在全国的排名较低基本稳定在第26名，和其他的发达省份或直辖市如广东、浙江、江苏、北京、上海相比，交通事故万人死亡率都不高，但是交通安全还是应引起高度的重视。随着人们生活水平的提高，家庭交通工具拥有量普遍提高，发生交通事故的频率也在提高，湖北省在其 2013 年全年的安全事故中，交通事故起数占了 50.15%，由交通事故造成的死亡人数比例也多达 78.85%。由交通事故造成的直接经济损失，在 2012 年高达 5391.1 万元。

表 2-16　2011—2013 年全国交通事故情况

| 地区 | 死亡人数 | | | 交通事故万人死亡率 | | | | | | 总人口数（万人） | | |
|---|---|---|---|---|---|---|---|---|---|---|---|---|
| | 2011 年 | 2012 年 | 2013 年 | 2011 年 | 排名 | 2012 年 | 排名 | 2013 年 | 排名 | 2011 年 | 2012 年 | 2013 年 |
| 全国 | 62387 | 59997 | 58539 | | | | | | | 134092 | 134093 | 134094 |
| 北京 | 924 | 918 | 860 | 0.471 | 18 | 0.468 | 17 | 0.438 | 19 | 1962.9 | 1963.9 | 1964.9 |
| 天津 | 908 | 848 | 836 | 0.698 | 6 | 0.652 | 6 | 0.642 | 5 | 1300.29 | 1301.29 | 1302.29 |
| 河北 | 2602 | 2503 | 2501 | 0.362 | 23 | 0.348 | 23 | 0.348 | 23 | 7194.6 | 7195.6 | 7196.6 |
| 山西 | 2308 | 2294 | 2133 | 0.646 | 8 | 0.642 | 7 | 0.596 | 7 | 3575.11 | 3576.11 | 3577.11 |
| 内蒙古 | 1270 | 1202 | 1096 | 0.514 | 14 | 0.486 | 14 | 0.443 | 18 | 2473.18 | 2474.18 | 2475.18 |
| 辽宁 | 2090 | 2024 | 2015 | 0.478 | 17 | 0.463 | 18 | 0.460 | 16 | 4376 | 4377 | 4378 |
| 吉林 | 1424 | 1388 | 1345 | 0.518 | 13 | 0.505 | 13 | 0.489 | 13 | 2747.6 | 2748.6 | 2749.6 |
| 黑龙江 | 1302 | 1192 | 1158 | 0.340 | 26 | 0.311 | 28 | 0.302 | 28 | 3834.35 | 3835.35 | 3836.35 |
| 上海 | 944 | 916 | 914 | 0.410 | 21 | 0.398 | 21 | 0.396 | 20 | 2303.66 | 2304.66 | 2305.66 |
| 江苏 | 4899 | 4733 | 4679 | 0.622 | 9 | 0.601 | 9 | 0.594 | 8 | 7870.34 | 7871.34 | 7872.34 |
| 浙江 | 5235 | 4962 | 4860 | 0.961 | 3 | 0.911 | 3 | 0.892 | 3 | 5447.51 | 5448.51 | 5449.51 |
| 安徽 | 2758 | 2691 | 2669 | 0.463 | 19 | 0.452 | 19 | 0.448 | 17 | 5957.7 | 5958.7 | 5959.7 |
| 福建 | 2680 | 2473 | 2138 | 0.726 | 5 | 0.669 | 5 | 0.578 | 9 | 3694 | 3695 | 3696 |
| 江西 | 1507 | 1399 | 1351 | 0.338 | 27 | 0.313 | 27 | 0.303 | 27 | 4463.2489 | 4464.2489 | 4465.2489 |
| 山东 | 3974 | 3838 | 3748 | 0.414 | 20 | 0.400 | 20 | 0.391 | 21 | 9588.87 | 9589.87 | 9590.87 |
| 河南 | 1670 | 1636 | 1633 | 0.178 | 31 | 0.174 | 31 | 0.174 | 31 | 9406.47 | 9407.47 | 9408.47 |
| 湖北 | 1909 | 1822 | 1801 | 0.333 | 28 | 0.318 | 26 | 0.314 | 26 | 5728.9143 | 5729.9143 | 5730.9143 |
| 湖南 | 2039 | 1956 | 1882 | 0.310 | 29 | 0.298 | 29 | 0.286 | 29 | 6571.1 | 6572.1 | 6573.1 |

续表

| 地区 | 死亡人数 | | | 交通事故万人死亡率 | | | | | | 总人口数（万人） | | |
|---|---|---|---|---|---|---|---|---|---|---|---|---|
| | 2011 年 | 2012 年 | 2013 年 | 2011 年 | 排名 | 2012 年 | 排名 | 2013 年 | 排名 | 2011 年 | 2012 年 | 2013 年 |
| 广东 | 5873 | 5714 | 5647 | 0.562 | 11 | 0.547 | 11 | 0.541 | 12 | 10441.94 | 10442.94 | 10443.94 |
| 广西 | 2287 | 2184 | 2172 | 0.496 | 16 | 0.474 | 16 | 0.471 | 15 | 4611 | 4612 | 4613 |
| 海南 | 473 | 457 | 493 | 0.544 | 12 | 0.526 | 12 | 0.566 | 10 | 869.55 | 870.55 | 871.55 |
| 重庆 | 985 | 980 | 970 | 0.341 | 25 | 0.340 | 24 | 0.336 | 24 | 2885.62 | 2886.62 | 2887.62 |
| 四川 | 2805 | 2708 | 2658 | 0.349 | 24 | 0.337 | 25 | 0.330 | 25 | 8045.92 | 8046.92 | 8047.92 |
| 贵州 | 1020 | 931 | 847 | 0.293 | 30 | 0.268 | 30 | 0.243 | 30 | 3480 | 3481 | 3482 |
| 云南 | 1806 | 1768 | 1747 | 0.392 | 22 | 0.384 | 22 | 0.379 | 22 | 4602.6 | 4603.6 | 4604.6 |
| 西藏 | 317 | 335 | 290 | 1.052 | 1 | 1.112 | 1 | 0.956 | 1 | 301.22 | 302.22 | 303.22 |
| 陕西 | 1893 | 1804 | 1800 | 0.507 | 15 | 0.483 | 15 | 0.482 | 14 | 3736 | 3737 | 3738 |
| 甘肃 | 1505 | 1438 | 1435 | 0.588 | 10 | 0.562 | 10 | 0.560 | 11 | 2560.98 | 2561.98 | 2562.98 |
| 青海 | 559 | 536 | 532 | 0.990 | 2 | 0.950 | 2 | 0.939 | 2 | 564.47 | 565.47 | 566.47 |
| 宁夏 | 428 | 404 | 400 | 0.675 | 7 | 0.637 | 8 | 0.629 | 6 | 633.96 | 634.96 | 635.96 |
| 新疆 | 1993 | 1943 | 1929 | 0.912 | 4 | 0.889 | 4 | 0.882 | 4 | 2186 | 2187 | 2188 |

资料来源：《中国统计年鉴》，参见国家统计局网站：http://www.stats.gov.cn。

## 三、消防安全

火灾现象呈现出复杂和多样化的趋势，现代城市人口、建筑、生产、物资集中的特点使得火灾发生更为集中；各种新型燃料的使用使得可燃物种类增多，燃烧的形式和产物更加复杂；各种新能源和电器产品的使用导致火灾起因更为复杂、多样、隐蔽；高层、复杂、超高建筑的增多也给火灾扑救和人员疏散带来消极影响。

尽管近年全国火灾事故呈现连续减少的良好态势，但是由火灾造成的损失也是惨重的，以 2012 年为例，全国发生火灾 152157 起，死亡人数 1028 人，直接经济损失高达 217716 万元。火灾事故主要发生在拥有大量森林资源且气候干燥的东北三省，发生的火灾多为自燃型森林大火，造成的损失也很大，此外还有发达的省（市）如京、江、浙、沪、广等。但是不同省在火灾事故万人死亡率的排名与火灾发生起数的排名上还是有很大区别，例如火灾发生起数较少的西藏、新疆等地的事故万人死亡率却很高，这主要与其人口稀少有关。

据《中国统计年鉴》统计数据，湖北省的火灾事故 2010 年至 2013 年呈现下降趋势，相比其他省份而言，湖北省无论是火灾事故发生起数还是事故死亡率都是属于水平较低省份。但是应引起重视的是在湖北省各类事故中火灾事故所占比例高，就 2013 年而言火灾事故发生 4922 起，死亡 52 人，所占的比例就达到 42.62%。发生事故的原因主要是电器线路故障引起火灾，多发生在城市人口稠密商业区。

普遍而言，城市发生火灾的比例高于农村。这主要是因为，城市人口居住密度大，且多为高层建筑，逃生和救援情况复杂，容易造成人员伤亡和巨大的经济损失，随着人们生活水平的提高，广泛使用电器产品也为火灾事故埋下隐患，这几年比较大的火灾事故除森林大火外都是发生在城市人群聚集地如商场、居民楼等地方，这便可解释经济发达地区火灾事故率高的原因。

表 2-17　2010—2012 年全国火灾事故情况

| 地区 | 死亡人数 | | | 火灾事故万人死亡率 | | | | | | 总人数（万人） | | |
|---|---|---|---|---|---|---|---|---|---|---|---|---|
| | 2010 年 | 2011 年 | 2012 年 | 2010 年 | 排名 | 2011 年 | 排名 | 2012 年 | 排名 | 2010 年 | 2011 年 | 2012 年 |
| 全国 | 1205 | 1108 | 1028 | | | | | | | 134091 | 134092 | 134093 |
| 北京 | 32 | 30 | 30 | 0.016 | 7 | 0.015 | 7 | 0.015 | 6 | 1962 | 1963 | 1964 |
| 天津 | 23 | 17 | 41 | 0.018 | 6 | 0.013 | 9 | 0.032 | 1 | 1299 | 1300 | 1301 |
| 河北 | 29 | 16 | 16 | 0.004 | 27 | 0.002 | 27 | 0.002 | 28 | 7194 | 7195 | 7196 |
| 山西 | 26 | 14 | 12 | 0.007 | 17 | 0.004 | 26 | 0.003 | 24 | 3574 | 3575 | 3576 |
| 内蒙古 | 51 | 49 | 34 | 0.021 | 4 | 0.020 | 2 | 0.014 | 8 | 2472 | 2473 | 2474 |
| 辽宁 | 42 | 32 | 31 | 0.010 | 15 | 0.007 | 18 | 0.007 | 17 | 4375 | 4376 | 4377 |
| 吉林 | 43 | 29 | 3 | 0.016 | 9 | 0.011 | 14 | 0.001 | 31 | 2747 | 2748 | 2749 |
| 黑龙江 | 26 | 16 | 18 | 0.007 | 19 | 0.004 | 25 | 0.005 | 23 | 3833 | 3834 | 3835 |
| 上海 | 43 | 43 | 39 | 0.019 | 5 | 0.019 | 3 | 0.017 | 3 | 2303 | 2304 | 2305 |
| 江苏 | 85 | 75 | 75 | 0.011 | 14 | 0.010 | 16 | 0.010 | 13 | 7869 | 7870 | 7871 |
| 浙江 | 88 | 87 | 86 | 0.016 | 8 | 0.016 | 5 | 0.016 | 5 | 5447 | 5448 | 5449 |
| 安徽 | 35 | 35 | 35 | 0.006 | 22 | 0.006 | 23 | 0.006 | 21 | 5957 | 5958 | 5959 |
| 福建 | 55 | 47 | 43 | 0.015 | 11 | 0.013 | 10 | 0.012 | 10 | 3693 | 3694 | 3695 |
| 江西 | 21 | 29 | 29 | 0.005 | 24 | 0.006 | 21 | 0.006 | 20 | 4462 | 4463 | 4464 |
| 山东 | 32 | 19 | 20 | 0.003 | 29 | 0.002 | 29 | 0.002 | 29 | 9588 | 9589 | 9590 |
| 河南 | 16 | 20 | 23 | 0.002 | 30 | 0.002 | 28 | 0.002 | 27 | 9405 | 9406 | 9407 |
| 湖北 | 25 | 46 | 16 | 0.004 | 26 | 0.008 | 17 | 0.003 | 26 | 5728 | 5729 | 5730 |
| 湖南 | 33 | 45 | 45 | 0.005 | 23 | 0.007 | 20 | 0.007 | 19 | 6570 | 6571 | 6572 |

续表

| 地区 | 死亡人数 | | | 火灾事故万人死亡率 | | | | | | 总人数（万人） | | |
|---|---|---|---|---|---|---|---|---|---|---|---|---|
| | 2010年 | 2011年 | 2012年 | 2010年 | 排名 | 2011年 | 排名 | 2012年 | 排名 | 2010年 | 2011年 | 2012年 |
| 广东 | 132 | 132 | 131 | 0.013 | 13 | 0.013 | 11 | 0.013 | 9 | 10441 | 10442 | 10443 |
| 广西 | 32 | 45 | 45 | 0.007 | 18 | 0.010 | 15 | 0.010 | 12 | 4610 | 4611 | 4612 |
| 海南 | 3 | 6 | 6 | 0.003 | 28 | 0.007 | 19 | 0.007 | 18 | 869 | 870 | 871 |
| 重庆 | 43 | 49 | 48 | 0.015 | 10 | 0.017 | 4 | 0.017 | 4 | 2885 | 2886 | 2887 |
| 四川 | 37 | 42 | 38 | 0.005 | 25 | 0.005 | 24 | 0.005 | 22 | 8045 | 8046 | 8047 |
| 贵州 | 73 | 55 | 31 | 0.021 | 3 | 0.016 | 6 | 0.009 | 14 | 3479 | 3480 | 3481 |
| 云南 | 64 | 53 | 51 | 0.014 | 12 | 0.012 | 12 | 0.011 | 11 | 4602 | 4603 | 4604 |
| 西藏 | | 10 | 6 | 0.000 | 31 | 0.033 | 1 | 0.020 | 2 | 300 | 301 | 302 |
| 陕西 | 23 | 22 | 29 | 0.006 | 21 | 0.006 | 22 | 0.008 | 16 | 3735 | 3736 | 3737 |
| 甘肃 | 16 | 5 | 8 | 0.006 | 20 | 0.002 | 30 | 0.003 | 25 | 2560 | 2561 | 2562 |
| 青海 | 12 | 6 | 5 | 0.021 | 2 | 0.011 | 13 | 0.009 | 15 | 563 | 564 | 565 |
| 宁夏 | 5 | 1 | 1 | 0.008 | 16 | 0.002 | 31 | 0.002 | 30 | 633 | 634 | 635 |
| 新疆 | 60 | 33 | 33 | 0.027 | 1 | 0.015 | 8 | 0.015 | 7 | 2185 | 2186 | 2187 |

资料来源:《中国统计年鉴》，参见国家统计局网站:http://www.stats.gov.cn。

## 四、社会治安

中国正处于并将长期处于经济转轨、社会转型的特殊历史时期，在这一时期利益重新分配，社会结构变动激烈，社会不稳定因素增加，社会治安问题成为影响人们生活的一大问题，由表 2-18 可看出近年全国的刑事案件总量极大，且均呈上升趋势，与之相对应我省的刑事案件总数也连年上升，由于缺乏直接的农村社会治安数据，在分析农村社会治安时只能以全国、全省的总刑事案件情况作为背景参考。近年来我国农村的社会治安整体上来看是稳定的，发展趋势是良性的。全国各级公安机关对农村治安的管理较为有效，但是农村社会治安发展还是存在不平衡性，当前农村社会治安存在的主要问题集中表现为有些农村涉黑、涉恶等犯罪行为日渐突出，群体性事件凸显，地下六合彩、涉毒、涉赌等违法案件多发，邪教、非法宗教势力活动猖獗，留守人员治安问题日益严峻等。

表 2-18 2011—2013 年全国刑事案件立案及构成情况

| 案件类别 | 立案（起） | | | 构成（%） | | |
|---|---|---|---|---|---|---|
| | 2011 年 | 2012 年 | 2013 年 | 2011 年 | 2012 年 | 2013 年 |
| 合计 | 6004951 | 6551440 | 6598247 | 100.00 | 100.00 | 100.00 |
| 杀人 | 12015 | 11286 | 10640 | 0.20 | 0.17 | 0.16 |
| 伤害 | 165097 | 163620 | 161910 | 2.75 | 2.50 | 2.45 |
| 抢劫 | 202623 | 180159 | 146193 | 3.37 | 2.75 | 2.22 |
| 强奸 | 33336 | 33835 | 34102 | 0.56 | 0.52 | 0.52 |
| 拐卖妇女儿童 | 13964 | 18532 | 20735 | 0.23 | 0.28 | 0.31 |
| 盗窃 | 4259484 | 4284670 | 4506414 | 70.93 | 65.40 | 68.30 |
| 诈骗 | 484813 | 555823 | 676771 | 8.07 | 8.48 | 10.26 |
| 走私 | 1350 | 1575 | 1853 | 0.02 | 0.02 | 0.03 |
| 伪造、变造货币，出售、购买、运输、持有、使用假币 | 688 | 2194 | 768 | 0.01 | 0.03 | 0.01 |
| 其他 | 831581 | 1299746 | 1038861 | 13.86 | 19.85 | 15.74 |

资料来源：《中国统计年鉴》，参见国家统计局网站：http://www.stats.gov.cn。

表 2-19 2010—2013 年湖北省刑事案件发案、破案情况

| 指 标 | 2010 年 | 2011 年 | 2012 年 | 2013 年 |
|---|---|---|---|---|
| 刑事案件发案总数（件） | 221735 | 243521 | 335813 | 279638 |
| 刑事案件破案总数（件） | 76401 | 63849 | 139738 | 118092 |
| 刑事案件破案率（%） | 34.5 | 26.2 | 41.6 | 42.2 |

资料来源：《湖北省统计年鉴》，参见湖北省统计局网站：http://www.stats-hb.gov.cn。

## 五、食品安全

随着我国社会经济的迅速发展、人民生活得到很大改善，食品消费需求也越来越高，食品安全隐患随之增加。近几年我国食品安全事件频发，引起了人们对食品安全问题的关注，尤其是三鹿婴幼儿奶粉等恶性事件之后，食品安全问题成为社会普遍关注的热点议题，对此国家从法律角度对食品安全问题给予了回应，采取的措施主要体现为 2009 年 6 月 1 日开始实施《食品安全法》，确立了食品安全分段监管的体制，对政府及相关部门的监管职责进行了规定，据 2013 年 5 月 6 日国务院常务会议内容报道，我国首部《食品安全法》即将启动修订，将明确建立最严格的食品药品安全监管制度。目前，城市食品安全监管体系日趋完善，城市居民食品安全意识有所提高，对问题食品有一定的防范能力和抵制途径，但是在农村仍然存在大量制售假冒伪劣产品现象，尤其是农民个体消费能力虽然较低，但是群体消费能力较强，使问题食品在农村有机可乘，加上政府监管薄弱，农村食品安全事故相对较多，有些农民买东西主要关注的是价格和分量，较少关心食品的卫生情况，而知识的匮乏使他们即便意识到食品安全的重要性，也无法鉴别，甚或发现问题食品，也无抵制途径。因此对于农村的食品安全问题应给予高度重视。

# 第三章　农村社区居民的生存条件与文化生活

为了解湖北省农村地区民众的生活质量，本研究选取W市M镇作为调查地点，采用实地问卷调查、个案访谈等多种调查方式，以获取农民生活质量方面的真实资料。

M镇地处W市北部，至今已有1400年的发展历史。全镇版图面积272平方公里，总人口14.5万人，辖75个行政村，6个社区，城区建成面积6平方公里，常住人口6.5万人，是全省经济发达行政管理体制改革试点镇。M镇地势北高南低，东西最长18.1公里，南北最宽20.8公里。北部属低山、丘陵区，约占总面积的70%，中、南部属丘陵、低岗地，约占总面积30%。[1]

在第一产业方面，M镇在稳定发展粮食油料和棉花的同时，因地制宜地调整西瓜、山药、生姜、甘蔗、莲藕、苎麻、荸荠、茭白、蔬菜和鲜鱼10大特色产品，大力发展特色农业，不断调整种植业结构。M镇同时加快二、三产业发展，扎实开展新农村建设。2011年，全镇完成社会总产值19.3亿元，财政收入3266万元，全社会固定资产投资8.5亿元，农业总产值10.83亿元，农民人均纯收入达到7480元（高于2011年湖北省农民人均纯收入6897.92元[2]），实现工业总产值15.4亿元，全镇城乡居民存款余额达13.1亿元。[3]

---

[1] 详情请参考 http://sgpff.forestry.gov.cn/20272/80576.html。

[2] 数据来源于 http://www.stats-hb.gov.cn/wzlm/tjgb/ndtjgb/hbs1/4.htm。

[3] 详情请参考 http://mcz.wuxue.gov.cn/show.aspx?id=159&cid=89。

图3-1 W村一角及旁边的水库

综合考虑到M镇的地理特征及人口经济特征、各个村庄距离镇中心及相互之间经济发展不平衡的问题，本研究选取了L村、C村、W村和S社区等地作为重点考察对象以获取资料。

## 第一节 农民生活质量之经济生活

农民经济生活状况的好坏直接影响农民生活质量的高低，个人的经济生活直接反映了当地经济与社会发展水平，农民经济生活的质量由此成为农民生活质量评估的主要指标。无论是每个人都离不开的衣食住行，还是多种多样的休闲娱乐，都全面而深刻地影响了人们的生活质量。在本节中，我们主要从物质福利和消费这两方面来描述M镇农民的物质生活状况。

### 一、物质福利调查

#### （一）物质福利客观测量

物质福利的客观测量指标，主要用于测量调查对象物质福利状况的实际水平，指标的测量主要采用客观的测量标准。本调查在测量农民物质福利客观状况时，引入了农民平均月收入水平、社会资助或帮扶、工作状况三个变量。

1. 收入水平

具体到我们选择的调查地点 W 市 M 镇，从收集的调查数据来看，调查对象平均月收入均值为 1879.63 元，平均月收入的中位数为 1000 元；其家庭平均月收入为 10346.97 元，家庭平均月收入的中位数为 4000 元，远高于个人平均月收入。具体到不同收入人群所占比例来看，收入最低（人均月收入低于 1000 元）的调查对象占总调查对象人数的 53.5%，也就是说超过一半的调查对象的平均月收入在 1000 元以下。而收入在 1001 元至 2000 元之间的调查对象所占比例为 21.1%；收入在 2001 元至 3000 元之间的调查对象所占比例为 15.8%；收入最高的调查对象（高于 3000 元）所占比例仅为 9.6%。可以看出，调查对象所占比重随收入层级的提高而递减。

由于调查地点为农村社区与居民点，在外务工的劳动力往往没有机会接受调查。个人收入与家庭收入间的巨大差距表明大多数调查对象——即农村中的留守者——并不是家里的主要经济来源，他们的经济收入仅占家庭总收入的一小部分。这也就从侧面证实了许多访谈对象提出的“家庭收入的增长主要依赖外出务工，在家种地挣不了多少钱”的说法。在调查中，受访农民普遍反映 2014 年粮棉价格的下跌对个人及家庭的经济收入产生了不利影响。以棉花为例，据农民反映前几年棉花价格一直稳定在 4 元左右一斤，2014 年棉花价格跌至 2 元一斤。接受调查的农民群体大多以务农为主要收入来源，粮棉价格的下跌对其经济收入，乃至对其生活质量的影响都比较显著。

将接受调查的四个村的个人平均月收入均值进行对比后发现，C 村的个人平均月收入均值为 2829.57 元，远高于其他村庄和社区，而其他村庄和社区间个人平均月收入差异不大。C 村地处 M 镇城区郊旁，与其他村和社区相比距 M 镇更近，该村近年通过政策融资、项目争资、社会筹资、在外能人捐资等多方筹资办法，修建硬化水泥公路 25 公里。较近的距离与便利的交通使其经济发展能更多地得到 M 镇的辐射和扶持。

**表 3–1　各村人均月收入对比** [1]

| 调查地点 | 均值（元） | 频数 | 标准差 |
|---|---|---|---|
| C 村 | 2829.57 | 31 | 6364.60 |

[1] 本章所有表格资料来源于课题组本次调研数据。

续表

| 调查地点 | 均值（元） | 频数 | 标准差 |
|---|---|---|---|
| L村 | 1574.69 | 32 | 2119.00 |
| S社区 | 1493.57 | 28 | 2001.28 |
| W村 | 1493.52 | 23 | 1546.87 |
| 总计 | 1879.63 | 114 | 3708.12 |

2. 社会资助或帮扶

来自外界的社会资助或帮扶是体现其物质福利状况的重要指标，也是反映其客观生活质量的重要标准。调查对象获得的资助形式如下表所示：

表 3-2 社会资助或帮扶

| | 频数 | 百分比（%） | 个案百分比（%） |
|---|---|---|---|
| 最低生活保障 | 10 | 35.7 | 38.5 |
| “五保户”补助 | 5 | 17.9 | 19.2 |
| 长寿津贴 | 4 | 14.3 | 15.4 |
| “送温暖”活动 | 3 | 10.7 | 11.5 |
| 结对帮扶 | 2 | 7.1 | 7.7 |
| 慈善捐赠 | 1 | 3.6 | 3.8 |
| 其他 | 3 | 10.7 | 11.5 |
| 总计 | 28 | 100.0 | 102.4 |

在190名受访村民中，有10人享有最低生活保障，5人享有“五保户”补助，4人享有长寿津贴，3人得到过“送温暖”活动的帮助，2人得到过结对帮扶政策的帮助，1人获得过慈善捐赠。这意味着仅有13.7%的调查对象获得过资助或帮扶。一般而言，面向村民的社会资助和帮扶的保障水平往往较低，能够获得资助或帮扶的农民往往都是在经济上较普通村民更为困难，生活条件远低于村里的平均水平，或是身有残疾的弱势群体。

3. 工作状况

工作状况直接影响到人们的收入来源，影响到人们物质生活的改善。由于调查对象多为农村里的留守者，故以务农为业的农民占比最大。调查数据显示，近半数（48.4%）接受调查的农民在家务农，22.3%的调查对象进城务工，有14.4%的调查对象在家操持家务或待业，从事其他职业的调查对象占比均小于10%。该数据表明传统的种植业依然在农村占主流。具体来看，在务农群体中，40岁以下的青壮年劳动力仅占10%，41～60岁的中年群体占65.6%，即使是60岁以上的老年人也占到务农人数的24.4%，远超过青壮年务农比例。此外，40岁以下的青壮年群体中仅有13.4%从事务农活动，而60岁以上的老年群体中有73.3%仍然在从事务农活动。与务农相比，进城务工则成了青壮年农民的专利。40岁以下的青壮年占务工人数的80%，青壮年群体中有47.8%的人进城务工。上述数据表明，农村中务农的主要是中老年人群，60岁以上的老年人在其中占有较高的比例，而年轻人多以外出务工为业。外出务工能获得较高的收入，而在家务农则不能获得足够的收入，这使得愿意回乡从事种植业的青年人越来越少，农村高龄化、空心化程度加剧，导致农村日益失去活力。这一事实得到了表3-4数据的证实：个人月收入在1000元以下的农民群体占务农人群的76.1%，相比之下，半数以上（55.9%）的进城务工者能赚取2000元以上的月收入，这一数据在务农者中仅为15.2%。此外，乡镇企业工人中，月收入少于等于1000元的人占20%，月收入在1001～2000元的人占60%，月收入在2001～3000元的人占20%，调查对象中没有发现月收入3000元以上的乡镇企业工人。部分在家干家务或待业者的收入达到2000元以上，通过访谈发现，家务或待业者的收入主要来源于社会保障和亲友的资助。

**表3–3　农民职业状况**

| | 频数 | 有效百分比（%） |
|---|---|---|
| 务农 | 91 | 48.4 |
| 进城务工 | 42 | 22.3 |
| 个体工商户 | 13 | 6.9 |
| 乡镇企业工人 | 5 | 2.7 |
| 乡镇企业管理人员 | 1 | 0.5 |
| 农村基层管理者 | 6 | 3.2 |
| 学生 | 1 | 0.5 |
| 家务或待业 | 27 | 14.4 |
| 其他 | 2 | 1.1 |
| 合计 | 188 | 100.0 |

表 3–4 工作与收入交叉表（%）

| | 0～1000 元 | 1001～2000 元 | 2001～3000 元 | 3000 元以上 | 合计 |
|---|---|---|---|---|---|
| 务农 | 76.1 | 8.7 | 8.7 | 6.5 | 100.0 |
| 进城务工 | 17.6 | 26.5 | 35.3 | 20.6 | 100.0 |
| 乡镇企业工人 | 20.0 | 60.0 | 20.0 | 0.0 | 100.0 |
| 农村基层管理者 | 50.0 | 50.0 | 0.0 | 0.0 | 100.0 |
| 家务或待业 | 73.3 | 20.0 | 6.7 | 0.0 | 100.0 |
| 其他 | 0.0 | 100.0 | 0.0 | 0.0 | 100.0 |
| 合计 | 53.5 | 21.1 | 15.8 | 9.6 | 100.0 |

### （二）物质福利主观测量

物质福利的主观测量指标，主要用于测量调查对象对自身物质福利状况的主观认知、态度和满意度。本次调查引入了经济状况认知、经济地位认知与经济现状满意度三个变量。

调查对象对自身经济状况的看法普遍比较保守，仅有 2.2% 和 0.5% 的调查对象认为自己的经济状况比较宽裕或很宽裕。大多数调查对象认为自己的经济情况比较紧张，或认为自己赚的钱基本够用，另有 4.9% 的调查对象认为自己的经济状况非常紧张。这种对经济状况的保守看法在经济地位认知方面也有明显的体现，94.6% 的调查对象认为自己的经济地位在村里位于中层及以下，且没有人认为自己在村里的经济地位位于上层。

表 3–5 经济状况认知

| | 频数 | 有效百分比（%） | 累积百分比（%） |
|---|---|---|---|
| 非常紧张 | 9 | 4.9 | 4.9 |
| 比较紧张 | 53 | 29.0 | 33.9 |
| 钱基本够用 | 116 | 63.4 | 97.3 |
| 较宽裕 | 4 | 2.2 | 99.5 |
| 很宽裕 | 1 | 0.5 | 100.0 |
| 合计 | 183 | 100.0 | |

**表 3–6　经济地位认知**

| | 频数 | 有效百分比（%） | 累积百分比（%） |
|---|---|---|---|
| 下层 | 16 | 8.6 | 8.6 |
| 中下层 | 41 | 22.2 | 30.8 |
| 中层 | 118 | 63.8 | 94.6 |
| 中上层 | 10 | 5.4 | 100.0 |
| 合计 | 185 | 100.0 | |

那么，这种对自身经济状况的保守认知在多大程度上受到实际收入水平的影响？将人均月收入与经济地位认知进行对比发现，不论位于何种收入层次，人们都倾向于保守地看待自己在村里的经济地位。即使个人平均月收入达到 3000 元以上，也仅有 9.1% 的人认为自己的经济地位位于中上层，甚至还有 9.1% 的月收入 3000 元以上的人判断自己在村里的经济地位位于经济水平的“下层”。在访谈中，就有不少从事个体经营、实际收入明显高于普通村民的“富人”向调查员强调自己的经济水平在村里处于“下层”，对自己的收入水平“不满意”。

**表 3–7　经济地位认知与人均月收入交叉表（%）**

| | 下层 | 中下层 | 中层 | 中上层 | 合计 |
|---|---|---|---|---|---|
| 0 ～ 1000 元 | 11.7 | 33.3 | 50.0 | 5.0 | 100.0 |
| 1001 ～ 2000 元 | 4.2 | 25.0 | 62.5 | 8.3 | 100.0 |
| 2001 ～ 3000 元 | 5.6 | 16.7 | 66.7 | 11.1 | 100.0 |
| 3000 元以上 | 9.1 | 18.2 | 63.6 | 9.1 | 100.0 |
| 合计 | 8.8 | 27.4 | 56.6 | 7.1 | 100.0 |

尽管调查对象大多倾向于保守估计自己的经济状况，但他们同时也没有对此表现出强烈的不满情绪，更多地是持一种“知足”的态度。从农民对自身经济现状满意度的情况看，满意度为“一般”的人占总数的 43.2%，有 31.7% 的调查对象对自己的经济现状“比较满意”，还有 20.8% 的调查对象对自己的经济状况不太满意。而感到“很满意”或“很不满意”的调查对象极少，仅占 2.2%。

**表 3–8 经济现状满意度**

| | 频数 | 有效百分比（%） | 累积百分比（%） |
|---|---|---|---|
| 很满意 | 4 | 2.2 | 2.2 |
| 比较满意 | 58 | 31.7 | 33.9 |
| 一般 | 79 | 43.2 | 77.0 |
| 不太满意 | 38 | 20.8 | 97.8 |
| 很不满意 | 4 | 2.2 | 100.0 |
| 合计 | 183 | 100.0 | |

## （三）调查结论

根据调查数据，本书得出如下结论：

其一，农民整体收入水平偏低。尽管近十年来农民的经济收入整体上有了明显的增长，且近年来增幅较大，但收入较低的村民仍然占大多数，农村内部贫富差距依然存在。其中外出务工人群的经济收入显著高于务农人群，“家庭收入的增长主要依赖外出务工，在家种地挣不了多少钱”的说法得到了平均月收入和工作状况两方面数据的证实。亟需提高农民经济收入，帮助广大农民群体找到致富途径和渠道，改善农村就业结构，缩小农村贫富差距。

其二，农民群体能获得的来自外界的资助和帮扶仍然有限，且保障水平较低，资助和帮扶的覆盖面较窄。能获得资助的主要是在经济上更为困难，生活条件远低于村里的平均水平，或是身有残疾的弱势群体。提高资助帮扶的保障水平和覆盖面，使其在农民生活中发挥更大的作用，对于提高农民的物质生活质量将具有一定的现实意义。

其三，农村空心化、边缘化趋势加剧。农民群体从事的工作随年龄的不同而有明显变化，40 岁以上的中老年群体主要以务农为业，而 40 岁以下的年轻人则主要靠外出务工挣钱。外出务工能获得较高的收入，而在家务农则往往不能带来足够的经济收入，这使得愿意回乡从事种植业和进入乡镇企业工作的青年农民越来越少。劳动力单方面流出的趋势带来的后果之一是农村空心化、边缘化程度加剧，更多资源流入城市，农村存在失去活力的风险。

其四，农村居民普遍倾向于低估自己和家庭的经济状况和在村里的经济地位，同时高估所负担的经济压力，即使在从事个体经营、个人收入明显高于当地一般水平的人中，也有不少人持这种态度。但大多数调查对象并没有对自己的经济状况表现出强烈的不满情绪，更多地是持“知足”的心态，对自己的经济现状有较高的满意度，被剥夺感并不明显。

### （四）对策建议

其一，统筹城乡发展，促进城乡之间协调发展。城乡经济社会发展水平差异以及由此导致的资源分配不公、贫富差距扩大是农村资源，特别是劳动力资源大量流出农村、流向城市的重要原因。这种人力资本流动加剧了农村空心化、边缘化的过程。为缓解并最终解决这一问题，需要统筹城乡发展，推动城乡一体化进程，实践均衡发展理念。城市应发挥自身经济优势和辐射作用，带动周边农村发展，为农业现代化和农村经济发展、社会进步提供依靠和助力。可采用产业转移、产业合作、扶植乡镇企业等方式，带动农村经济发展和农民群体就地就业。农村进一步开展新农村建设，完善基础设施建设和制度建设，提高自身经济社会环境对人才的吸引力。

其二，推进农村经营模式改革，增强农村经济发展活力。以多种方式推进农村经营模式变革，推进土地流转适度规模化；积极开展土地经营权流转，发挥高新技术企业的辐射作用[1]；合理调整农村产业布局，提高第三产业在产业格局中的比重；促进企业、农村合作社、农民之间的合作，发挥市场在农村资源分配中的决定性作用。通过以上途径有效增强农村经济发展活力，提高农民就业水平，增加农民经济收入，进而改善农村生活状况，提高农民物质生活质量。

其三，积极开发农村乡土人才资源，服务农村经济发展。除了从外地引进人才之外，自力更生、积极挖掘本地优秀人才更是促进农村发展的重要手段，也是促进农村经济建设和社会事业发展的根本途径。挖掘和培养农村当地的商业精英和知识技术精英，加大对科技能人、产业大户和龙头企业的政策支持、财政扶持力度，为技术人才发挥其特长提供良好的制度环境，使其发挥示范带头辐射作用，带领广大农民自主创业、发家致富。依靠乡村精英带动“三农”事业整体发展，增强乡镇经济活力，提高农村整体就业水平和收入水平。

---

[1]　参见湖北网台《湖北安陆王义贞镇：推进农村经营模式改革增强农村经济发展活力》，http://news.hbtv.com.cn/2014/1031/867938.shtml。

其四，促进农村集体经济发展，破解集体经济难题。集体经济是农村经济发展结构中的重要一环，集体经济弱小、乡镇企业发展受限，一直是湖北农村普遍存在的问题，这一痼疾严重制约了农村经济发展、农民就业水平和生活水平的提高。社会各界应高度重视农村集体经济的发展问题，地方各级政府应将其纳入议事日程，将其作为政绩考核指标；乡镇企业可与高校、科研院所开展合作，引进农业、工业技术和管理经验，将科研成果转化为乡镇企业的现实生产力，提高乡镇企业在市场经济中的核心竞争力。多管齐下，助推乡镇企业发展，强化农村集体经济，提高农民就业水平和收入水平。

## 二、消费状况调查

在生活质量的概念中，消费扮演了一个十分重要的角色。它不仅仅反映了居民收入的变化，更是社会整体物质充裕程度的见证。拥有较强的经济实力的国家，其居民的消费水平往往相对较高，生活质量也普遍高于其他国家。西方社会学家在观察当代西方社会时就指出："今天，在我们周围，存在着一种由不断增长的物、服务和物质财富所构成的惊人的消费和丰盛现象。"[1] 因此，在全球化的新时期，消费已经是建立在"富裕"基础之上的消费，是应该基于提高人民生活质量而进行讨论的概念。从这一点来看，在我国"全面深化改革"，实现中华民族伟大复兴的"中国梦"之时，探讨农民生活质量就不应忽视消费水平这一维度，相反应该以消费作为工具来发掘农民生活质量提高变迁的路径，来发现农民生活质量之间的差异。本调查侧重于描述受访农民对生活质量中日常消费部分的评价与认知。

### （一）农民消费满意度居于高位

对于日常消费的满意度是农民对其消费生活评价最为直接的指标。本次调查结果表明，无论是对消费的总体评价，还是对各项具体消费的评价，农民对其消费生活质量的评价比较高，均值都在 3.5 以上（见表 3-9），也就是说农民对其消费生活的评价是普遍满意的。农民普遍认为当前的消费满足了自身的需要，也符合自己生活质量水平，物质上是合适的，心理上也是满足的。这

[1]〔法〕波德里亚：《消费社会》，刘成富译，南京大学出版社 2000 年版。

正如表 3-10 的数据所显示的，60.5% 的农民认为自己的消费水平是“很恰当”，农民既不忧愁无法获取想要的消费品，也不担心过部分项目的高消费引起整体生活质量的失衡。但是与较高的消费生活质量满意度相反，大部分农民对于本地区的消费水平并不十分满意，累计有 61.6% 的农民认为本地区的消费水平偏高（见表 3-11）。对于自身消费生活的满意与对当地消费水平的不满意同时出现，这成为农民消费生活的一个新特点和新常态。

**表 3-9　农民消费生活质量的满意度**

| | 个案数 | 最小值 | 最大值 | 均值 | 标准差 |
|---|---|---|---|---|---|
| 对当前消费情况 | 183 | 3 | 5 | 3.68 | 0.512 |
| 饮食情况 | 188 | 3 | 5 | 3.75 | 0.524 |
| 穿衣情况 | 188 | 3 | 5 | 3.72 | 0.548 |
| 居住情况 | 188 | 3 | 5 | 3.77 | 0.533 |
| 家用电器情况 | 188 | 3 | 5 | 3.67 | 0.545 |
| 手机等工具 | 187 | 3 | 5 | 3.72 | 0.577 |
| 家具情况 | 188 | 3 | 5 | 3.69 | 0.576 |
| 家里的交通工具 | 187 | 3 | 5 | 3.62 | 0.596 |

**表 3-10　农民对其自身消费水平的评价**

| | 频数 | 有效百分比（%） | 累计百分比（%） |
|---|---|---|---|
| 高（奢侈） | 7 | 3.8 | 3.8 |
| 比较高 | 47 | 25.4 | 29.2 |
| 不多不少，很恰当 | 112 | 60.5 | 89.7 |
| 比较低 | 12 | 6.5 | 96.2 |
| 很低（很节省） | 7 | 3.8 | 100.0 |
| 总计 | 185 | 100.0 | |

**表 3-11　农民对本地消费水平认知**

| | 频数 | 有效百分比（%） | 累积百分比（%） |
|---|---|---|---|
| 过高 | 14 | 7.6 | 7.6 |
| 偏高 | 100 | 54.1 | 61.6 |
| 合适 | 61 | 33.0 | 94.6 |
| 偏低 | 10 | 5.4 | 100.0 |
| 合计 | 185 | 100.0 | |

## （二）农民消费行为与消费观念出现背离

1. 农民的消费市场化趋势明显

长期以来，确保温饱，保证基本的生活是农民消费的一个主要特点。近年来随着经济社会的发展，温饱不再是农民消费的主要目的，实现小康成为提高生活质量的新目标。这样一种变化反映在农民日常生活的多个方面，如表 3-12 的数据所示，尽管大部分农民并不会主动前往饮食消费场所进行消费，但是选择外出进行饮食消费的农民已经占有相当大的比例，达到 56.3%。

消费生活转向市场化，试图利用市场提供的福利提高自身消费生活质量已经成为农民消费的新趋势。这样的新趋势也表现得越来越明显，表 3-13 中数据显示，绝大部分 61 岁以上的老年人仅仅会购买价格较低衣服，而大部分的年轻人则更多的倾向选择价格相对较高的产品。年龄层次越低，消费选择越加市场化，也越加考虑到自身的需要，越加注重生活质量和生活品质。

表 3-12 饮食消费情况

| | 频数 | 百分比（%） | 个案百分比（%） |
|---|---|---|---|
| 请客送礼 | 20 | 9.8 | 10.9 |
| 嫁娶等重大事件的宴请 | 42 | 20.5 | 23.0 |
| 亲友聚餐 | 35 | 17.1 | 19.1 |
| 节日庆祝 | 6 | 2.9 | 3.3 |
| 从来不去 | 94 | 45.9 | 51.4 |
| 其他 | 8 | 3.9 | 4.4 |
| 总计 | 205 | 100.0 | 112.0 |

表 3-13 年龄与购买衣服价格交叉表（%）

| 年龄区间 | 衣服定价 | | | | 合计 |
|---|---|---|---|---|---|
| | 定价 50 元以内 | 定价 51 ～ 100 元 | 定价 101 ～ 200 元 | 定价 201 ～ 500 元 | |
| 18 岁及以下 | 0 | 0 | 100.0 | 0 | 100.0 |
| 19 ～ 30 岁 | 8.3 | 25.0 | 60.4 | 6.3 | 100.0 |
| 31 ～ 60 岁 | 21.2 | 54.8 | 19.2 | 4.8 | 100.0 |
| 61 岁及以上 | 43.3 | 36.7 | 16.7 | 3.3 | 100.0 |
| 合计 | 21.3 | 43.7 | 30.1 | 4.9 | 100.0 |

表 3-14　农民消费计划

| | 频数 | 百分比（%） | 个案百分比（%） |
|---|---|---|---|
| 子女教育费用 | 86 | 30.7 | 50.9 |
| 自身教育费用 | 1 | 0.4 | 0.6 |
| 金融投资 | 28 | 10.0 | 16.6 |
| 添置新房子 | 23 | 8.2 | 13.6 |
| 购置汽车、摩托车等 | 26 | 9.3 | 15.4 |
| 添置新家用生活电器 | 38 | 13.6 | 22.5 |
| 嫁娶费用 | 24 | 8.6 | 14.2 |
| 生产费用 | 37 | 13.2 | 21.9 |
| 其他 | 17 | 6.1 | 10.1 |
| 总计 | 280 | 100.0 | 165.7 |

2. 农民消费生活质量转向可持续

在消费重点转向的同时，农民在未来消费计划上也出现了新的特点。现阶段的农民更加注重对于子女教育的投资，注重家庭未来生活质量的提高，而且开始注意利用新的投资工具将部分消费资金用于财富的再生产。在表 3-14 的数据中，50.9% 的农民均计划增加子女教育费用，同时有 16.6% 的农民计划增加金融投资费用。农民的消费计划日趋合理和科学，消费目标与计划也日渐明确，消费指向不再单纯增加一次性的消费品，而是指向实现家庭生活质量的可持续提高。

3. 农民消费观念仍旧保持传统

农民的消费行为表现出市场性和计划性并不是一个新的话题。这也是中国逐渐进入消费社会以后消费变迁的普遍性整体特征。但这种普遍性之下，农民的消费生活又存在自己的特色，即消费观念仍然保持着较强的传统性。表 3-16 的数据就说明农民仍然认为储蓄仍然是消费生活中的必要考虑因素，攀比炫耀消费和从众消费等消费社会的观念仍然被普遍反对（均值在 3 分以上，即处于“反对”状态）。同时过年集中消费、大件借钱消费等观念也依旧存在。由此可见，农民消费观念仍然是以节俭为主，反对炫耀消费、从众消费等消费社会观念。这样的特征同样也可以从表 3-15 中发现，即 74.4% 的农民认为婚娶、住房和人情消费是消费支出最多的项目。这样就意味着农民认为主要的人生事件是消费生活的主要支出对象，因此消费就仍然需要以节俭为主，注重人情往来。

表 3–15 消费负担最重的项目

| | 频数 | 有效百分比（%） | 累积百分比（%） |
|---|---|---|---|
| 婚娶等费用 | 33 | 18.3 | 18.3 |
| 人情礼金往来 | 63 | 35.0 | 53.3 |
| 添置新房屋的费用 | 38 | 21.1 | 74.4 |
| 添置新家庭用品的费用 | 5 | 2.8 | 77.2 |
| 子女教育费用 | 19 | 10.6 | 87.8 |
| 生产资料费用 | 11 | 6.1 | 93.9 |
| 疾病诊治等费用 | 11 | 6.1 | 100.0 |
| 合计 | 180 | 100.0 | |

表 3–16 消费观念

| | 频数 | 极小值 | 极大值 | 均值 | 标准差 |
|---|---|---|---|---|---|
| 我把收入的大部分存了起来 | 181 | 1 | 5 | 2.49 | 0.814 |
| 别人家有的，我家也要有 | 181 | 1 | 5 | 3.33 | 0.868 |
| 商品价格便宜就行，质量无所谓 | 181 | 1 | 5 | 3.74 | 0.748 |
| 电视广告上说的商品好，就好 | 181 | 2 | 5 | 3.92 | 0.614 |
| 大家都说好的东西应该就不错，值得买 | 181 | 2 | 5 | 3.32 | 0.854 |
| 买大件一定要大气有面子，价格无所谓 | 181 | 2 | 5 | 3.74 | 0.756 |
| 在购房、购车和婚娶时会向别家借钱 | 180 | 1 | 5 | 2.58 | 0.915 |
| 我家过年期间消费支出很多 | 181 | 1 | 4 | 2.39 | 0.645 |
| 预计未来的消费支出会更多 | 181 | 1 | 5 | 2.48 | 0.793 |

农民消费生活质量是农民生活质量的主要组成部分。改革开以来的发展使得农民消费生活质量有了显著的提升，消费支出增加明显，消费结构日趋合理。农民对于消费生活的认知在保持着传统的消费观念的同时，消费行为却逐渐呈现出消费社会的特征，但这并没有影响农民对消费生活的高满意度。

## 第二节 农民生活质量之文化生活

精神文化生活是农民日常生活中的重要组成部分，也是与农民的主观幸福感联系极为密切的生活领域。随着农民群体经济条件的改善和物质生活水平的提高，其对精神生活的需求日益增长。然而，现有研究表明农民的精神文化生活长期被忽视，他们往往难以得到充足的公共文化资源，享受文化休闲生活的手段也比较传统单调，这些问题越来越受到包括政府和学界在内的社会各界的关注与重视。本节从农民的教育状况和闲暇生活状况两方面对农民生活质量进行调研与阐释。

## 一、教育状况调查

农村教育事业的发展与农村人口素质的提高有着直接的关系，农民教育程度的高低，教育的普及度等都是影响农民生活质量满意度的重要因素。关于农村教育事业方面的调查我们主要分为教育方面客观测量和教育方面主观测量两个方面。

### （一）教育方面客观测量

农民生活质量教育方面的客观指标的测量，反映的是农民群体实际的文化程度、对于教育的经济投入等方面的内容。本调查主要将农民自身文化程度与用于教育的经济开支作为测量农民生活质量教育方面的主要客观指标。

1. 文化程度

农民的文化程度或受教育水平是衡量其教育质量最为基础、也是最为直观的指标。近年来，随着农村教育投入的增长和义务教育的普及，农民群体的文化程度有了显著提高。但由于受到诸多主客观条件的限制，农民整体受教育程度依然不高。调查数据显示，半数调查对象（49.7%）的受教育程度为初中，近三分之一的调查对象的受教育程度为小学，还有 10.1% 的调查对象完全没有接受过正式的学历教育，在调查对象中没有发现大专以上学历的人。这种情况的出现一方面说明农村居民受教育程度整体上依然不高；另一方面也表明农村中拥有较高学历者更倾向于离开家乡，外出工作或继续深造，而不是留在农村。农村中的留守者学历普遍不高，是农村发展滞后、活力减弱的重要原因。进一步分析农民的文化程度与其从事的职业间的关系，发现村民中以务农为业的比例随其文化程度的提高而递减，文化程度为小学及以下的村民以务农为业的比例超过 70%，而文化程度为初中的村民的务农比例降至 33%，学历为高中或中专的村民的务农比例更是降至 28.6%。相比之下，进城务工者的学历水平明显高于务农者。在调查对象中，以进城务工为主要职业的村民（也就是农民工）全都接受过正式教育。在小学学历的村民中，仅有 7.4% 的人进城务工，而在学历为初中和高中（中专）的村民中，这一比例增长到了 34% 和 28.6%，拥有较高学历者更倾向于外出务工，利用所学的知识和更为开阔的视野为自己谋求更好的工作和更高的收入。此外，拥有高中或中专学历的村民从事个体经营和农村基层管理的比例均高于拥有其他学历的村民，这也证实了学历与职业之间的正向关系。物质福利部分的数据表明进城务工确实能给务工者带来更高的收入，将这一结论与农民的文化程度结合考虑，便能发现学历、职业与收入之间的紧密联系，即更高的学历使村民倾向于或更有机会外出务工，而外出务工能带给村民更高的收入。

**表 3–17　文化程度**

| | 频数 | 有效百分比（%） | 累积百分比（%） |
|---|---|---|---|
| 未受过正式教育 | 19 | 10.1 | 10.1 |
| 小学 | 55 | 29.1 | 39.2 |
| 初中 | 94 | 49.7 | 88.9 |
| 高中或中专 | 21 | 11.1 | 100.0 |
| 合计 | 189 | 100.0 | |

**表 3–18　主要职业文化程度交叉表（%）**

| | 未受过正式教育 | 小学 | 初中 | 高中或中专 | 合计 |
|---|---|---|---|---|---|
| 务农 | 78.9 | 72.2 | 33.0 | 28.6 | 48.4 |
| 进城务工 | 0.0 | 7.4 | 34.0 | 28.6 | 22.3 |
| 个体工商户 | 5.3 | 3.7 | 8.5 | 9.5 | 6.9 |
| 乡镇企业工人 | 0.0 | 1.9 | 4.3 | 0.0 | 2.7 |
| 乡镇企业管理人员 | 0.0 | 1.9 | 0.0 | 0.0 | 0.5 |
| 农村基层管理者 | 0.0 | 1.9 | 3.2 | 9.5 | 3.2 |
| 学生 | 5.3 | 0.0 | 0.0 | 0.0 | 0.5 |
| 家务或待业 | 10.5 | 11.1 | 16.0 | 19.0 | 14.4 |
| 其他 | 0.0 | 0.0 | 1.1 | 4.8 | 1.1 |
| 合计 | 100.0 | 100.0 | 100.0 | 100.0 | 100.0 |

2. 教育开支

农村家庭用于教育的开支是衡量农民教育层面的生活质量的另一项重要指标，尽管义务教育在我们所调查的地区——W 市 M 镇早已普及，但家庭依然要负担相当比例的教育支出。以小学为例，当地的农村家庭一年要花费五六千元供一个孩子读小学，其中餐费约为 2000 元。可见，子女的教育支出对于一般的农村家庭而言依然是一笔不小的开支。从数据显示的情况看，村民的教育开支呈两极分化，年教育开支低于 500 元与高于 3000 元的比例较高，分别为 44.5% 和 27.7%；而年教育开支在 501 元至 3000 元之间的比例合计仅为 27.7%。

**表 3–19　年教育开支**

| | 频数 | 有效百分比（%） | 累积百分比（%） |
|---|---|---|---|
| 0 ～ 500 元 | 77 | 44.5 | 44.5 |
| 501 ～ 1000 元 | 7 | 4.0 | 48.6 |
| 1001 ～ 2000 元 | 16 | 9.2 | 57.8 |
| 2001 ～ 3000 元 | 25 | 14.5 | 72.3 |
| 3000 元以上 | 48 | 27.7 | 100.0 |
| 总计 | 173 | 100.0 | |

## （二）教育方面主观测量

农民生活质量教育方面的主观测量，主要在于测量农民群体对自身教育的认知、态度和满意度。本次调查选取受教育意愿和对自身受教育水平的满意度作为主观测量的主要指标。

1. 受教育意愿

调查显示，农民群体接受教育或培养的意愿总体上并不高，超过半数（52.0%）的村民没有接受教育或培训的意愿或意愿较低。有 32.4% 的受访村民选择了“一般”，这表明许多村民对继续接受教育持无所谓、可有可无的态度。而迫切地想要进一步接受教育或培训的村民仅占 15.6%，仅有 1.1% 的调查对象非常迫切地想要接受教育培训。农民较低的受教育意愿，是现实条件和主观认知双重约束的结果。其一，农村相对落后的教育培训条件、极为有限的教育资源和不完善的公共文化服务资源限制了农民享受教育和培训的机会，而这种一目了然而又现实的约束为农民群体在心理上普遍接受，他们因此不会主动要求接受教育或自发地产生受教育意愿。其二，前文中关于农民受教育程度的分析显示农民群体受教育程度整体上依然不高，自身文化水平的有限性也显著地制约了其进一步接受教育的意愿，数据分析显示农民自身文化水平与受教育意愿之间有显著的正相关性。对文化程度和受教育意愿两个变量进行卡方检验，$X_2$=33.370，p 值为 0.001，说明文化程度不同的村民之间的受教育意愿也不一致。进一步的相关分析显示文化程度与受教育意愿的相关系数为 0.368，单侧显著性水平近似于 0，表明农民的文化程度与其受教育意愿之间有着中度的正相关。其三，在访谈中，许多农民，特别是 60 岁以上的老人，认为自己年纪太大，也不如年轻人聪明，即使学了一些知识也对劳动和生活没有帮助。

**表 3–20　接受教育与或培训的意愿**

| | 频数 | 有效百分比（%） | 累积百分比（%） |
|---|---|---|---|
| 没有意愿 | 76 | 42.5 | 42.5 |
| 意愿较低 | 17 | 9.5 | 52.0 |
| 一般 | 58 | 32.4 | 84.4 |
| 比较迫切 | 26 | 14.5 | 98.9 |
| 非常迫切 | 2 | 1.1 | 100.0 |
| 合计 | 179 | 100.0 | |

**表 3–21 受教育意愿与文化程度交叉表（%）**

| | 未受过正式教育 | 小学 | 初中 | 高中或中专 | 合计 |
|---|---|---|---|---|---|
| 没有愿望 | 76.5 | 62.7 | 27.8 | 28.6 | 42.5 |
| 愿望较少 | 0.0 | 11.8 | 11.1 | 4.8 | 9.5 |
| 一般 | 17.6 | 19.6 | 41.1 | 38.1 | 32.4 |
| 比较迫切 | 5.9 | 3.9 | 18.9 | 28.6 | 14.5 |
| 非常迫切 | 0.0 | 2.0 | 1.1 | 0.0 | 1.1 |
| 合计 | 100.0 | 100.0 | 100.0 | 100.0 | 100.0 |

**表 3-22 文化程度与受教育意愿相关分析**

| | | | 文化程度 | 受教育意愿 |
|---|---|---|---|---|
| 斯皮尔曼等级相关 | 文化程度 | 相关系数 | 1.000 | 0.368 |
| | | Sig.（单侧） | | 0.000 |
| | | 频数 | 189 | 179 |
| | 受教育意愿 | 相关系数 | 0.368 | 1.000 |
| | | Sig.（单侧） | 0.000 | |
| | | 频数 | 179 | 179 |

注：Sig.（单侧）指两变量间相关关系在单侧检验下的显著性水平。

那么，在那些愿意接受教育和培训的农民中，他们主要想获得哪些方面的教育和培训呢？对农民希望接受的教育培训内容进行频次分析后发现，最想要获得的教育培训内容为文化知识和信息技术，分别占 22.3% 和 20.4%。养生保健知识也受到了许多村民的欢迎，所占比例达到 19.0%。相比之下，经商技能、农业和工业技术则少人问津。信息技术受到欢迎是农村变革的一大体现，随着时代发展与科技进步，以计算机、互联网为代表的信息技术在提高工作效率、促进社会进步方面发挥日益显著的作用。而对于农村居民而言，互联网普及的意义更多地体现在了解外界信息、促进与外界的交流、丰富物质精神生活方面。文化部发布并解读《文化部 工商总局 公安部 工业和信息化部关于加强执法监督完善管理政策促进互联网上网服务行业健康有序发展的通知》和《文化部关于推动互联网上网服务行业转型升级的意见》，针对上网服务行业相对薄弱的农村地区，适当放低准入门槛，鼓励农村地区上网服务营业场所参与公共文化服务体系建设，拓展公共文化服务范围。[1] 这一举措恰好迎合了农民群体对信息技术的需求，将进一步增加广大农民接触互联网和计算机的机会，丰富农村的公共文化生活。而养生保健受到农村居民的欢迎，虽然在一定程度上是商业宣传和广告营销的结果，更多地体现了农村居民促进身心健康、提高生活质量的愿望和诉求。

---

[1] 参见中国网《文化部鼓励农村网吧参与公共文化服务建设》，http://finance.china.com.cn/roll/20141212/2845732.shtml。

表 3–23 希望参加何种培训

| | 频数 | 百分比（%） | 个案百分比（%） |
|---|---|---|---|
| 文化知识 | 61 | 22.3 | 40.7 |
| 信息技术 | 56 | 20.4 | 37.3 |
| 养生保健 | 52 | 19.0 | 34.7 |
| 经商技能 | 38 | 13.9 | 25.3 |
| 农业技术 | 35 | 12.8 | 23.3 |
| 工业技能 | 26 | 9.5 | 17.3 |
| 其他 | 6 | 2.2 | 4.0 |
| 合计 | 274 | 100.0 | 182.7 |

相比之下，农民期望的教育或培训形式则比较传统，农民最期待的培训形式是广播电视课堂或讲座，这与电视和广播在农村的普及有关。本次调查显示电视在农村家庭的普及度很高，98.9% 的调查对象都拥有彩色电视，这使得农民很容易获得以广播、电视为媒介传播的知识和信息。在农闲时节，农民也会有充足的闲暇时间接受电视和广播传播的信息，因此他们也愿意将电视和广播作为学习的手段。除广播电视课堂或讲座之外，相对受欢迎的教育培训形式还有夜校和一般的学历教育，有 24.1% 和 13.8% 的调查对象期望这种教育培训形式。尽管有 20.4% 的调查对象希望获得信息技术相关知识和培训，但作为一种培训形式，仅有 8.6% 的调查对象选择了互联网，这与农村有限的网络条件和互联网普及程度有关。许多村民不会使用互联网，或是无法获得使用机会，也就不能以此作为教育培训的形式。除上述培训形式之外，企业培训和自学考试也被部分村民选为期望的教育培训形式。

表 3–24 期望的教育培训形式

| | 频数 | 百分比（%） | 个案百分比（%） |
|---|---|---|---|
| 广播电视课堂或讲座 | 66 | 37.9 | 50.8 |
| 村中开设夜校 | 42 | 24.1 | 32.3 |
| 学历教育 | 24 | 13.8 | 18.5 |
| 互联网 | 15 | 8.6 | 11.5 |
| 企业培训 | 14 | 8.0 | 10.8 |
| 自学考试 | 7 | 4.0 | 5.4 |
| 其他 | 6 | 3.4 | 4.6 |
| 合计 | 174 | 100.0 | 133.8 |

### 2. 受教育程度满意度

对自身的受教育程度是否满意，是评价教育主观质量的又一指标。调查结果显示，对自己的受教育程度感到不满意的调查对象要远多于对此感到满意的调查对象，有 41.2% 的村民对受教育程度感到不太满意或非常不满意，对此感到非常满意或比较满意的比例仅为 25.4%。此外还有 33.3% 的村民对受教育程度的满意度为“一般”。对自身受教育程度较低的满意度，一方面源于农民群体有限的实际受教育水平；另一方面也源于中青年村民对自身未来发展的较高预期和对自身受教育程度较高的要求。对调查对象的年龄与受教育程度满意度进行相关分析，得到的相关系数为 0.227，p 值为 0.003，表明随着调查对象年龄的增大，其对自身受教育程度的满意度也随之增加，两变量间的相关性显著。这表明老年人在受教育程度方面更容易“知足”，对自己往往没有很高的要求和期望。相比之下，中青年农民群体对自己未来的工作和发展有更高的期待，对于自己的受教育程度也更容易感到不满。他们见识过城市的发展繁荣，知道文化知识的重要性，认识到自己和城市青年在受教育水平上的差距，这使他们也容易对自己的受教育状况感到不满。

**表 3–25　受教育程度满意度**

| | 频数 | 有效百分比（%） | 累积百分比（%） |
|---|---|---|---|
| 非常满意 | 3 | 1.7 | 1.7 |
| 比较满意 | 42 | 23.7 | 25.4 |
| 一般 | 59 | 33.3 | 58.8 |
| 不太满意 | 67 | 37.9 | 96.6 |
| 非常不满意 | 6 | 3.4 | 100.0 |
| 合计 | 177 | 100.0 | |

**表 3–26　年龄与受教育程度满意度交叉表（%）**

| | 非常满意 | 比较满意 | 一般 | 不太满意 | 非常不满意 | 合计 |
|---|---|---|---|---|---|---|
| 40 岁以下 | 1.5 | 15.2 | 30.3 | 48.5 | 4.5 | 100.0 |
| 41 ～ 60 岁 | 1.3 | 25.3 | 34.2 | 38.0 | 1.3 | 100.0 |
| 61 岁以上 | 3.4 | 41.4 | 31.0 | 17.2 | 6.9 | 100.0 |
| 合计 | 1.7 | 24.1 | 32.2 | 38.5 | 3.4 | 100.0 |

表 3–27 受教育程度满意度与年龄相关分析

| | | 年龄 | 教育水平满意度 |
|---|---|---|---|
| 年龄 | 相关系数 | 1.000 | 0.227 |
| | Sig.（双侧） | | 0.003 |
| 受教育程度满意度 | 相关系数 | 0.227 | 1.000 |
| | Sig.（双侧） | 0.003 | |

注:Sig.（双侧）指两变量间相关关系在双侧检验下的显著性水平。

## （三）调查结论与对策建议

根据上述数据分析，对于农民生活质量的教育方面可得出如下结论：

从教育的客观质量层面看，农民整体受教育程度并不高，对留守群体而言更是如此，留在家乡务农的农民群体总体上学历较低。学历相对较高、年富力强的中青年村民更愿意外出务工，以获得在农村难以实现的高收入，这导致了城市的优势资源对农村优质人力资本的虹吸。农民年教育开支呈两极分化的状况，年教育支出“低于 500 元”和“高于 3000 元”的比例最高，分别为 44.5% 和 27.7%。前者体现的是农民对自己较低的教育培训投入，后者体现的是其对上学的子女较高的教育投入。

较低的教育培训投入反映出了农民同样低度的受教育意愿，从教育的主观质量层面看，受到落后的教育条件、匮乏的教育资源和自身较低的文化程度等客观现实条件与主观认知因素的制约，农民群体整体上接受进一步教育的意愿较低。对那些愿意接受教育和培训的“好学者”而言，他们最希望、最愿意参加的教育培训是关于文化知识、信息技术和养生保健的培训。对信息技术的需求体现了当代农民希望借助互联网了解外界信息、促进与外界的交流、丰富物质精神生活的诉求；而对养生保健的需求体现了农民促进身心健康、提高生活质量的愿望和诉求。而他们期望的教育或培训形式则比较传统，主要为广播电视课堂、讲座和村中夜校，选择互联网作为教育培训形式的比例仅为 8.6%。一方面，广播和电视在农村的普及让农民获取外界信息和资源的能力较以往有了很大的提高；另一方面，计算机和网络在农村的普及率还比较低，难以发挥其在传播教育资源方面的优势。因此，农民愿意接受的教育手段总体上还比较传统。

在受教育程度的满意度方面，对自己的受教育程度感到不满的调查对象远多于对此感到满意的调查对象，其中中青年群体更倾向于对自己的受教育程度感到不满。他们往往见识过城市的发展繁荣，知道文化知识的重要性，同时认识到自己和生活在城市的同龄人在文化、教育上还存在差距，对提高自身知识文化水平有更高的诉求。

农村整体较低的受教育水平，既与其固有的低度教育资源占有率和整合程度、较少的教育资源获取渠道有关，更与城市对农村优秀资源，特别是人力资本的过度吸收有关。解决农村教育落后的问题，不仅需要加大对农村教育事业的政策倾斜、财政投入和人力投入，更要提高农村自身对人力资本的吸引力，让年富力强、受教育程度较高的中青年劳动力愿意留在农村，为农村经济社会的发展出力。另一方面，需要加强农村互联网基础设施建设，同时普及互联网相关知识与技术，使农民群体更容易获得和利用互联网资源，从而大大增强其获得知识与信息、与外界互通的能力，进而提高其文化水平与生活质量。

## 二、闲暇状况调查

在当前我国经济社会大发展的条件下，我国农民的生产方式、生活方式和交往方式日渐多样化，不再仅仅局限于村落社会这样一个狭小的区域内。一方面，随着农业生产技术的进步，机械化农业生产逐步推广，农民真正耕种的时间相较减少，闲暇时间则越来越多。另一方面，随着大量的青年农村居民外出务工，将一些大城市的闲暇方式带回农村，使得农村居民的闲暇方式多样化，眼光也更加投向外面的世界。

闲暇时间的研究主要有这样两种框架，一种是生活质量研究框架，另一个是时间利用研究（Time Use Survey）框架。前者的框架内主要侧重在闲暇活动和闲暇体验；后者则主要侧重于闲暇活动的时间分配，较少注意闲暇活动主体的主观心理体验。一方面，本研究考察了农村居民对闲暇时间、闲暇活动和闲暇场地的选择及需求；另一方面，本研究还考察闲暇活动主体的心理体验和满意度。

### （一）时间维度的闲暇生活

在学术界关于闲暇时间的定义有很多种说法，有的学者就认为闲暇时间就是除去工作以外的业余时间；有的则认为闲暇时间不仅要去除工作时间，还要剔去家务劳动等所花费的时间；还有的则赞同马克思关于闲暇时间的描述："自由时间就是指可以自由支配的时间，这种时间不被直接的劳动所吸收而用于娱乐和休息，从而为自由活动开辟广阔的天地。"

本书则采用闲暇社会学中关于闲暇时间的定义："即闲暇时间，又称为自由时间、空闲时间、余暇时间，是人们在劳动时间之外，除去满足生理需要和家务劳动等生活必要时间支出之后，剩余下来的个人可以自由支配的时间。"其实，从上述可以看出，闲暇时间最重要的属性在于其自由性。

根据上述定义，我们对湖北省农村居民进行了关于闲暇时间的调研。根据调查数据显示，调查团队所走访的村落的调查对象每周所有的闲暇时间为约为 29 小时。且农村居民当前的职业类型对其闲暇时间的拥有量有着一定的影响。

**表 3–28　各职业每周拥有闲暇时间**

| 工作所在地域 | 主要职业类型 | 占所有调查对象的比例（%） | 平均每周拥有的闲暇时间 |
|---|---|---|---|
| 农村内及周边 | 务农 | 48.4 | 30 小时 |
| | 个体工商户 | 6.9 | 27 小时 |
| | 乡镇企业工人 | 2.7 | 33 小时 |
| | 乡镇企业管理人员 | 1.0 | 32 小时 |
| | 农村基层管理者 | 3.2 | 34 小时 |
| | 家务或者待业 | 14.4 | 31 小时 |
| 城镇 | 进城务工 | 22.3 | 22 小时 |
| | 其他 | 1.1 | 24 小时 |
| 合计 | 100 | | |

农村居民的主要工作类型按照工作的地域可以划分在农村内及周边工作和在城镇工作两种，这样可以比较清晰地看到每周平均闲暇时间的差异：在农村内及周边为工作地域的职业类型所拥有的每周平均闲暇时间为 31 小时，

而在城镇务工的农村居民所拥有的每周闲暇时间则为 22 小时。

上表数据来自所有问卷中具体闲暇时间数字的对比分析，而没有具体值的原因主要是部分调查对象在进行问卷调查和访谈时无法短时间内理解闲暇时间的含义，因此无法估计具体数值。但是从访谈所得的内容看，绝大部分的调查对象所拥有的闲暇时间是比较多的。这里我们要注意一个农村的特殊情况，毕竟在城市里面进行闲暇时间的调查会比较容易得到具体的数值：城市居民大多有稳定的工作，因此相较农村居民也拥有较为固定的工作时间和闲暇时间，比如周一到周五的工作日可能就是每天晚上的 6 个小时左右，周末则是将近 48 小时的闲暇时间。而农村的闲暇时间则受到农业周期性的影响。农忙季节农村居民的普遍闲暇时间较少，大部分时间都在劳动耕作；而农闲时节，则拥有较多的闲暇时间。大部分接受调查访谈的农村居民都指出："只要忙完了田里的事情，就很有空了。农忙的时候比较忙，天天要泡在地里；但是进了农闲时节，基本就是闲在家里。"

### （二）活动维度的闲暇生活

如果说闲暇时间为人们的闲暇生活提供了最基本的条件，那么闲暇活动状况则就说明了政府或者社会为居民提供闲暇设施与服务的充裕程度以及居民对这些设施与服务的利用情况，从而反映居民的闲暇生活。本次调查主要调查了农村居民闲暇时间内的活动，以及关于农村应该兴建的公共文化基础设施。前者直接反映农村居民现有的闲暇生活内容，后者则一方面反映该村的拥有闲暇设施与服务的现状，另一方面也能反映农村居民所倾向的闲暇生活水平。

**表 3–29　农民认为应兴建的设施**

| 村里应兴建的设施 | 认为应该兴建的人数比例（%） |
|---|---|
| 文化活动室 | 45.6 |
| 老年活动中心 | 64.6 |
| 体育活动中心 | 50 |
| 歌舞厅 | 12.9 |
| 广播台 | 14.2 |
| 图书室 | 38.2 |

续表

| 村里应兴建的设施 | 认为应该兴建的人数比例（%） |
| --- | --- |
| 宗教活动场所 | 4.2 |
| 棋牌娱乐室 | 49.3 |
| 健身房 | 21.5 |
| 计算机网络室 | 12.3 |
| 电影放映场所 | 18.9 |
| 合计 | 100 |

在所列出的 11 项闲暇设施中，较高比例认为要兴建的分别是老年活动中心、体育活动中心、棋牌娱乐室和文化活动室，其他的比例则都没有超过 40%。这里要做一个说明，认为不必要兴建比例高的设施并非是因为村子里已经拥有该项设施；此次走访的几个村落（包括数个发展较好的城郊村），目前都没有兴建上述任何一项闲暇设施。有几个村落修建了休闲广场，但是并没有以上列举的这种多样性的闲暇设施。

从走访的情况来看，农村的闲暇设施（或者称为公共文化服务设施）的拥有情况还是不如我们想象中好。城郊村（距离城镇中心较近的村落）基本能做到建有供村民休闲娱乐的"人民广场"，但是类似于健身房、老年活动中心这种具有专门性多样性的闲暇设施尚未兴建。而距离城镇中心较远的村落，情况就更为不乐观了：连一个可供村民们进行集体活动的空地都没有看到，像这种专门性的闲暇设施就更不见踪影了。在向村干部询问有关信息时，他们对于村里现在的基础设施情况也是非常急切而无奈："村里不是不知道这样的设施是必要的，但是实在是没有资源去实施。"城郊村距离城镇中心近，能够获得的政府或有关部门的资源支持力度大，而且一些主要的村干部大多居住在城镇中，也能够更为便利地为村落争取相关资源。但尽管如此，走访的几个城郊村除了都建有"人民广场"，也没有建设上述的休闲娱乐场所和设施。那么处在山区并远离城镇的村子情况就更不乐观了：距离远导致获取资源的途径不易，能够实实在在得到的资源较少，心有余而力不足。其中 W 市 M 镇山区的 L 村，就仅有一个老旧的篮球场。

正因此类娱乐休闲设施的缺乏，使得湖北省农村居民的闲暇活动内容仍然处在一个较低的水平。

表 3–30 两性参与闲暇活动比例

| 闲暇活动内容 | 男性参与人数比例（%） | 女性参与人数比例（%） |
|---|---|---|
| 带孩子 | 31.5 | 57.4 |
| 做家务 | 42.6 | 72.1 |
| 打牌 | 54.7 | 37.1 |
| 下棋 | 7.5 | 2.9 |
| 看电视、听收音机 | 79.7 | 60.7 |
| 读书看报 | 16.7 | 7.8 |
| 上网 | 24.1 | 19.4 |
| 闲聊 | 64.3 | 62.2 |
| 走亲访友 | 13.5 | 17.9 |
| 旅游 | 2 | 5.9 |
| 散步、健身 | 17 | 17.5 |
| 参加文娱活动 | 2 | 4.9 |
| 参与公益活动 | 6 | 0 |
| 一个人待着，什么也不做 | 8 | 5 |
| 合计 | 100 | 100 |

根据本次调查结果显示，农村居民闲暇活动类型最多的是：闲聊、做家务、看电视或者听收音机、带孩子和打牌，在男性农村居民和女性农村居民中所占的比例都是比较高的，而其他的闲暇活动项目则占比很少。

表 3–31 农民对休闲的满意度（%）

| | 非常满意 | 比较满意 | 一般 | 不太满意 | 非常不满意 | 合计 |
|---|---|---|---|---|---|---|
| 休闲时间的拥有量 | 4.5 | 39.9 | 35.4 | 19.7 | 0.5 | 100 |
| 公共休闲设施、场所的情况 | 1.1 | 18.4 | 42.5 | 36.9 | 1.1 | 100 |
| 休闲活动的开展和参与情况 | 0.6 | 18 | 47.8 | 30.9 | 2.7 | 100 |
| 休闲设施、场所使用的便利程度 | 0.6 | 17 | 44.6 | 33.3 | 4.5 | 100 |

结合第一部分农村居民的闲暇时间调查，尽管农村居民在除开农忙时节所拥有的闲暇时间很多，但是闲暇活动的类型却没有得到丰富，依然是比较单一且处于较低的水平。绝大部分的调查对象的闲暇生活还是在自己所居住的村子以及外围，圈子范围狭小；闲暇时间的大部分仍然用于带孩子和做家务，尽管这段时间是属于本次调查所定义的闲暇时间范围，但是带孩子和做

家务的休闲性不足，仍然属于劳动的范畴内；闲聊、看电视和打牌成为农村居民的主要休闲方式，一是和他们活动的区域始终不远离村子有关，二是因为村子里并没有兴建可以享受其他休闲活动的闲暇设施，如想读书看报却没有图书室、想锻炼身体却没有体育活动中心；三则是村民自身经济条件不足以支撑其享受其他更高层次的休闲娱乐如旅游、健身等。

针对上述的闲暇设施和闲暇活动的调查，本次调查还考察了农村居民对于当前自己休闲时间的拥有量满意度，公共休闲设施、场所建设情况满意度，休闲活动的开展和参与情况满意度，以及休闲设施、场所使用便利程度的满意度。

湖北省农村居民对于自己的休闲时间拥有量的满意程度还是相对较高的，但是对于农村公共休闲设施的满意度则正好相反，是在一个相对较低的满意度水平上。在走访中，在问及村子有没有地方供给大家集体休闲娱乐时，很多年龄稍大的调查对象是持有一种无所谓的态度：即希望有，但是真的没有的话，也不强求，他们的日常生活闲暇还是有的，像找邻居聊天或者三五成群地围坐在一起拉家常就当作是休闲了。不过在对年龄较轻的调查对象做访问的时候，他们对于这类公共文化休闲设施的需求则比较大，是比较强烈地希望村里能兴建部分休闲娱乐设施的，提及较多的是希望能够兴建老年活动中心，毕竟村子里居住的大部分是年龄比较大的老年人，还有小孩，这样可以丰富农村老年人的闲暇生活，增加生活乐趣，锻炼身体。

### （三）消费维度的闲暇生活

闲暇生活主要满足人们精神方面的需求，注重人们心灵的自由和放松，看重人的情感性体验，但闲暇生活的开展是离不开物质的支持的，即离不开人们对闲暇活动的消费投入的。本次调查主要考察了湖北省农村居民每月在休闲娱乐活动上的支出和每年用于旅游的支出情况。

根据调查数据显示，所有调查对象在2014年的每个月在休闲娱乐上的平均支出是164元；而每年用于旅游的平均支出是385元，最高的支出为10000元。通过访谈得知，他们每个月所谓的花费在休闲娱乐上的支出也主要用于打牌；年轻一点的居民还可能把钱花在上网上（网吧消费或者是自家网费缴纳）。其他的花费几乎是没有的，除了特别的节日需要亲友聚会，可能会花费在买礼品和路费上。而在问及是否会考虑旅游消费的问题上，年龄较大的居民多数都认为自己年龄大身体不好，不便远行；再一个就是没有出去旅游的念头，觉得往外跑花“冤枉钱”，还不如待在村子里和邻居闲聊。年轻的居民则表示近处的旅游一年还是会去一两回（比如省内或者附近省份），频率也不会很高；较远的旅游城市也是愿意去的，但是钱是问题。远行的旅游各项花费开销较高，即便有那个心想去，但是现阶段是没有实力支持的。

### （四）提高农村居民闲暇生活质量的建议

根据上述调查研究结论，提出如下建议，以期提高与改善农村居民闲暇生活的质量。

1. 改善农村居民的闲暇时间利用结构

闲暇时间的利用是影响居民闲暇生活质量很重要的因素。闲暇时间利用合理、结构优化，可以在同样的闲暇时间内获得更高的生活质量，农村居民尽管拥有的闲暇时间总量较多，但是利用水平却还需要进一步改善。

如本次农村居民生活质量调查结果显示：受访的农村居民的休闲活动偏向于静态和户内，比如待在家里看电视、在家带孩子做家务等。我们知道看电视属于娱乐消遣型活动，也属于被动接受型活动和户内活动。看电视能够将人们带进一个丰富多彩的世界，使其了解世界各地的新闻，丰富和拓展了人们的知识面；但是另一方面也缩小了人们的生活空间，占去了人们大量的闲暇时间，使人们的闲暇生活具有一种“丰富的单调性”。因此，人们将大量闲暇时间消磨在电视机前，使得人们失去许多发展个性的机会，造成闲暇生活的单调；同时，居民如果长时间地沉溺于电视节目，容易造成疲劳和紧张，于身心健康都是不利的。

另外，在农村里居住的大部分是老年人和小孩，年轻子女外出务工，将年幼的孩子交给年老的父母抚养，因此受访的老年居民在家的另一项重要闲暇活动就是带孩子和做家务。但是这两项活动严格意义上来说是不属于闲暇时间的范围，但是仍然占据了农村居民大部分的自由活动时间，我们也将其当作是农村居民的闲暇活动的选择来看待。从血亲关系的角度来说，父母替忙于工作的子女照顾下一代是情有可原的，不过从生活质量的角度来说却不一定是提高：一方面子女承欢膝下，给予老年人欢笑和温暖；另一方面则是要占用大量原本拥有的闲暇时间去照顾孩子的饮食起居，可以称之为一种“温暖的单调性”。

我们应该提倡一种更为健康和休闲的闲暇生活方式，即有益于个人和社会健康发展的闲暇活动，将农村居民从看电视和带孩子的框架中解放出来。

2. 发展经济增加闲暇消费投入

农村居民闲暇生活质量的提高离不开湖北省各地经济的持续快速发展和健康的发展，只有湖北省经济水平提高了，农村居民的收入水平才有提高的广阔空间，才能为提高居民的闲暇生活质量打下物质基础。根据国际经验，当一个国家的人均国民生产总值达到 800 ～ 1000 美元时，居民将普遍产生国内旅游的动机；达到 4000 美元以上时，就会产生出国旅游动机；超过 10000 美元时，普遍产生洲际旅游动机。这说明，经济发展程度的提高、人们收入的增加可以直接激发人们的闲暇动机，提高居民的闲暇生活质量。另外，按照发达国家的历史统计资料推算，人们在满足了基本的生活需求之后，消费才会转向旅游、教育、信息、休闲等领域。

湖北省政府应该一方面发展经济，增加财政在农村居民闲暇领域基础设施的投入，例如修建图书馆、博物馆、影剧院、体育场、公园等，为人们提供更多的休闲娱乐场所。从闲暇场所的设施看，尽量使设施齐全，种类丰富，装备先进使之具有时代感。还要建设良好的市场环境、文化环境与社会生活环境，刺激农村居民的闲暇消费，以提高居民的闲暇生活质量。

3. 建立闲暇研究和管理中心

作为一种新兴的社会文化现象和一种时尚的生活方式，很多人对闲暇的理解认识不足，以至于影响了人们的闲暇生活质量提高。从本质上说，闲暇生活是一种精神生活。马克思关于闲暇时间的描述是：“自由时间就是指可以自由支配的时间，这种时间不被直接的劳动所吸收而用于娱乐和休息，从而为自由活动开辟广阔的天地。”中国著名经济学家、哲学家、休闲专家于光远先生也提出：争取“有闲”是生产的根本目的之一。人的闲暇时间是人全面发展的重要领域，是人类全面发展自我的必要条件，是精神文明建设必须引起高度重视的方面。

既然按照上述说法，闲暇生活要求人们能有很高的精神享受，这就离不开居民闲暇生活质量的提高，离不开居民文化素养，尤其是休闲文化素养的提高。而提高居民的休闲文化素养，离不开居民休闲观念的更新，离不开居民的休闲教育。那么如何提高居民的休闲文化素养呢？这时候就需要政府、社会以及相关学者们对闲暇进行研究，为普通市民认识、理解并接受闲暇生活理念打下基础。

另外就目前国内外的闲暇生活研究来看，闲暇指标的构建与数据获得都是通过专门的研究进行的，而不是依靠现有的社会经济统计。如果政府想准确了解、评价、监测和提高居民的闲暇生活质量，那么就必须要有专业性的休闲研究中心予以支持。建议湖北省政府建立专门的农村居民综合生活素质研究中心等相关科学研究机构，成立一个专门针对农村居民休闲生活研究与开发小组。这个可以是社团形式的民间组织，也可以是直接隶属于素质研究中心的休闲闲暇研究中心，并由政府提供必要的资金资助，还有设施方面的支持。由该组织负责搜集和积累农村居民休闲时间数量、休闲时间安排、休闲活动、休闲消费以及生活休闲产品的供给等方面的准确资料，为湖北省政府以及各级乡镇政府制定合理的休闲闲暇政策提供参考。为提高湖北省农村居民的闲暇生活质量而做出贡献，真正做到满足农村居民的休闲闲暇需求。

# 第四章　农村居民的公共服务与生态环境

本书第三章描述了当地农民在经济生活和文化生活领域的生活质量，第四章则进一步依据调查数据，对当地农民在其他领域，即公共服务和环境卫生等领域的生活质量进行描述，并运用因子分析法对农民的主观生活质量进行细致深入的分析。

## 第一节　农民生活质量之公共服务

农村居民生命与生活的保障是构建和谐社会、建设社会主义新农村的重要前提，也是政府提供的农村公共服务中的重要内容，农民的养老、医疗保障和安全保障是农民生活质量的重要保证和必备条件。在本项研究中，我们主要把农民生活质量保障分为两个方面进行详细阐述，即社会保障与公共安全。

### 一、社会保障调查

改革开放以来，政府将工作的重心放在了经济的建设上，发展到现阶段，我们国家的经济有了长足的进步，人们的生活水平有了极大的提高，总体上达到了小康水平。之后，国家和政府也适时地调整发展方针和政策，提出了以人为本的科学发展观以及构建社会主义和谐社会等思想，并逐步朝着全面小康社会的目标迈进。所以可以清楚地看到我们国家党和政府对于人们的生活质量越来越重视，在致力于提升人民的生活质量。

从党的十七大提出“努力使全体人民学有所教、劳有所得、病有所医、老有所养、住有所居”到温家宝总理在政府工作报告中强调“更加注重社会建设、着力保障和改善民生”。这一项项工作不断强调了政府履行国家组织和领导社会主义现代化建设的职能，组织社会公共服务的职能，不断完善社会保障制度。而社会保障是国家和社会依据一定的法律规范，通过国民收入的再分配，对社会成员的基本生活给予保障。它是经济发展和社会进步的重要标志，是评价人民生活质量的重要指标。

本调查主要从两个方面来反映农村社会保障的内容：新型农村社会养老保险（简称“新农保”）和新型农村合作医疗（简称“新农合”）。

## （一）受访农村“新农保”制度状况

本小节将以湖北省内的部分农村为分析对象，其目的是为了了解湖北省内农村推行“新农保”制度的状况，以及农民对“新农保”制度的主观评价，并了解湖北省内部分农村现行的“新农保”制度所存在的问题。本小节数据均是由该课题组实地调查所得。

**表 4–1　湖北省内部分农村“新农保”制度基本状况** [1]

单位：%（人）

| | 是否参加了新农保 | 是否已领养老金 | 养老金是否足额及时发放 | 是否能满足养老需求 |
|---|---|---|---|---|
| 是 | 82.1（147） | 15.3（22） | 95.5（21） | 22.7（5） |
| 否 | 17.9（32） | 84.7（122） | 4.5（1） | 77.3（17） |
| 合计 | 100（179） | 100（144） | 100（22） | 100（22） |

根据表 4-1 数据所显示，在有效样本中，本次调查的村庄里，农村的参保率达到了 82.1%，高于 2011 年华中地区 80.38% 的参保率。养老金领取人数所占的比例为 15.3%。在领取养老金的人数中，有 95.5% 的人表示养老金能够足额及时地发放，但是在这部分人中，仅有 22.7% 的人认为养老金能够满足养老需求，而 77.3% 的人认为养老金金额不足以满足养老需求。

[1]　本章所有图表资料来源于课题组本次调研数据。

**表 4–2　农民对“新农保”制度的主观评价**

| | 频数 | 占比（%） |
|---|---|---|
| 非常满意 | 8 | 5.0 |
| 比较满意 | 48 | 30.4 |
| 一般 | 80 | 50.6 |
| 不太满意 | 22 | 14.0 |
| 非常不满意 | 0 | 0 |
| 合计 | 158 | 100 |

从此次调查中可知，在农民对“新农保”制度的评价中，“满意”所占比重为 35.4%，“一般”所占的比重为 50.6%，“不满意”的比重为 14.0%。

根据表 4-2 所显示的满意度，以及结合在调查中的访谈资料，我们可以归纳出，湖北省部分农村中“新农保”制度存在如下几个问题：

第一，养老金数额偏低，地区消费水平高。从表 4-3 可以看出，农民认为当地的消费水平高的占比达到 61.6%。而在调查过程中，在所接触到的调查对象中，有领取养老保险金的所领取的都是 55 元的全国标准基础养老金，地方政府并未给予额外的补助。

**表 4–3　农民对地区消费水平评价**

| | 有效样本（人） | 占比（%） |
|---|---|---|
| 过高 | 14 | 7.6 |
| 偏高 | 100 | 54.0 |
| 合适 | 61 | 33.0 |
| 偏低 | 10 | 5.4 |
| 过低 | 0 | 0 |
| 合计 | 185 | 100 |

第二，“新农保”制度宣传解读不够，农民未能完全信任新制度。

A 对象：我们那时候村里也没有怎么说，就说每年交点钱，以后退休了就可以领取养老金。可是你看现在的养老保险从 16 岁开始交，要到 60 多岁才开始领，每个月也才 55 元，而且那么多年以后的事情，谁搞得清楚，交那么多钱，不划算，就交个 100 多块钱意思一下算了。

从以上访谈资料可以看出，由于农民本身的文化程度限制，加上宣传不够到位，制度没有得到很好的解读。且目前享受新农保的农民大多在领取全国标准基础养老金，金额比较少。未享受养老金的农民，交费时间比较长，对未来预期不确定，所以对政策的反应也就比较平淡。

第三，养老保险金金额未能满足农民预期。

B 对象：这每个月才 55 元，多交了每个月也才 300 多块钱，人家公务员老师，不用交，一退休就 2000 ～ 3000 元，谁愿意多交。

由于社会中的现象在部分农民心中形成一定的标准，而目前养老保险金的发放金额比较少，农民心理落差大，容易造成对“新农保”制度的不满。

## （二）受访农村“新农合”制度状况

根据表 4-4 的数据显示，“新农合”的参与率较高，在调查所得到的有效样本中，农民参与率达到 97.8%。自参与“新农合”以来，有 88.3% 的农村报销过医药费。在报销过医药费的农民中，有 54.9% 的农民对报销比例表示“满意”，45.1% 的农民对报销比例表示“不满意”。

**表 4–4　湖北省内部分农村“新农合”制度基本状况**

单位：%（人）

| | 是否参加新农合 | 参加新农合后，是否报销过医药费 | 医药费报销比例是否满意 |
|---|---|---|---|
| 是 | 97.8（180） | 88.3（143） | 54.9（89） |
| 否 | 2.2（4） | 11.7（19） | 45.1（73） |
| 合计 | 100（184） | 100（162） | 100（162） |

**表 4–5　农民对“新农合”制度的主观评价**

| | 有效样本（人） | 占比（%） |
|---|---|---|
| 非常满意 | 12 | 6.7 |
| 比较满意 | 69 | 38.3 |
| 一般 | 46 | 25.5 |
| 不太满意 | 48 | 26.7 |
| 非常不满意 | 5 | 2.8 |
| 合计 | 180 | 100 |

从表 4-5 可以看出，对“新农合”的整体评价中，有 45% 的农民对该制

度表示满意，表示不满意的比重达到29.5%。还有25.5%的农民持“一般”的态度。调查结果显示，对“新农合”制度满意的农民仅占45%，而“新农合”制度又是我们国家农村现行的主要医疗保障，这也在一定程度上反映了我们国家目前农民医疗保障的一些问题。

第一，医疗资源比较稀缺，医生技术水平和设备水平有待提高。农村医疗保障需要解决的两个主要问题是“有没有能力获得医疗资源”和“能不能获得好的医疗资源”。“新农合”制度在一定程度上缓解了第一个问题，但是第二个问题在我们中国农村依旧严峻。从表4-6数据来看，对医护人员的态度表示满意的农民人数比重超过50%，达到58.1%。而对医生技术水平满意的仅占48.6%，对医疗设备满意的为40.5%。而从与村民的访谈中也可以看的到目前我国农村好的医疗资源较为稀缺，其访谈资料如下：

C对象：我们村现在有一个公共的卫生所，医生的水平我们也不知道，就是偶尔生点小病去那里看看，开点药，水平我们也搞不清楚。再说了，这个不是跟那些教师一样，好的教师、医生谁来农村啊，人家老早就往大城市大医院去了，谁还来乡下帮你看病，凑合着吧。

**表4–6　农民对当地医疗状况的主观评价**

单位：%（人）

| | 医护人员态度 | 医生技术水平 | 医疗设备 |
|---|---|---|---|
| 非常满意 | 2.7 | 1.6 | 1.6 |
| 比较满意 | 55.4 | 47.0 | 38.9 |
| 一般 | 31.7 | 42.2 | 47 |
| 不太满意 | 9.7 | 8.1 | 10.8 |
| 非常不满意 | 0.5 | 1.1 | 1.6 |
| 合计 | 100（186） | 100（185） | 100（185） |

第二，门诊报销偏低。从下面村民的回答中来看，现实生活中，小病的比重比较大，但是门诊的报销费用比较低，这在一定程度上造成了农民对制度的不满意。

D对象：我们这里每年要交90块钱保费，去那诊所看病50块也报10块，100多块也才报10块，真不划算，你不能老让我们往医院跑吧，生个小病还要住院才能报销，那不是多花很多冤枉钱，这还是希望政府能多做一点实惠的。

第三，住院报销门槛高，报销比例低。从访谈材料可以看出，报销标准的提高造成的报销比例下降，这也在一定程度上影响了农民对医疗保障的主观评价。

E对象：2014年上半年，我们住院费用在10000元以上的，药费大概可以报销80%，其他的一些费用50%左右，平均下来也就60%左右，2014年下半年标准改了，整个市区的医疗资金不够用，就把药费的报销降低了10个百分点，最高在70%。它还有个报销门槛，像我们市医院有起付线，比如我们用了10000多块钱，先付了200块钱，其他的部分再报，现在改为500元。这个对10000元、5000元的病来说，多300块没多大问题。但是针对农民，他偶尔去次医院，也就住个一两天，总共也就整个千把块钱，以前扣掉200也就再花一两百块，现在要500元，也就是说农民还报不了一半的钱，这个比例就低了。

第四，医疗资金运行管理透明度不够。从访谈资料中可以感受到农民关心的是与切身利益相关的医药费报销比例，但是由于政府资金管理的透明度不够加上降低医疗费报销比例，这会使农民造成误解，对医疗保障制度产生怀疑。

F对象：现在报销比例太低了，向政府反映，他们都说医疗资金不够用，他们不公开，我们也不知道。但是不管怎么样，还是要让群众得到实惠，这才是关键嘛！

## 二、公共安全调查

安全问题关系着个人生活质量和社会和谐，要保证较高的生活质量，让社会和谐发展，即必须建设一个安定舒适的生活环境，增强人民的安全感。本书界定的社会公共安全是以社会治安为主要内容，并包括生产安全、交通安全、消防安全、食品安全，这是人们日常生活中最常接触和关心的，与人们的衣食住行紧密相连，其影响可以超越个体形成社会特征的内容。卫生、经济和环境安全列于其他分报告，所以不列入本报告研究范畴。且由于数据来源的局限，没有专门区分城市与农村公共安全的数据，因此在这一部分针对湖北省农村数据分析会相对其他章节有所不足，更多的是湖北省与其他省份的对比。

### （一）社会公共安全测量与指标体系选取

公共安全的定义要求公共安全指标要考虑到公共性，即对群众生活造成影响，指标反映的是生活中所受安全损失风险的内容。本部分报告主要设置了四个方面的二级指标：生产安全、交通安全、消防安全、食品安全。在这体系中社会治安是核心内容，所以又在它之下又设了两个三级指标：一个是案件受理的类型和数量，用于反映犯罪对社会的危害程度；另一个是案件的受理结果，用于反映警方的工作效率。对于其他安全事故如生产事故、交通事故、火灾事故，主要是用事故万人死亡率作为三级指标。所谓事故万人死亡率指的是一万人中由于事故造成的死亡人数，即用事故造成的死亡人数作为分子，事故对应认可作为分母。另外因为生产事故相对的人群是所有民众，所以分母是就业人数，而交通事故和火灾事故相对的人群是所有民众。食品安全指标以国际通用的 HACCP 为标准。

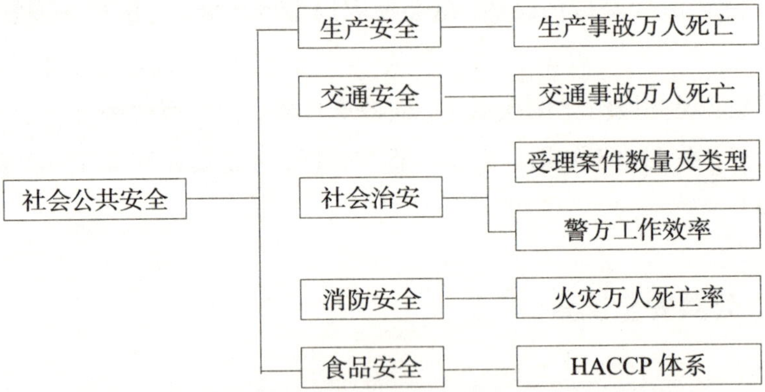


图4-1　社会公共安全指标体系框架图

### （二）农村公共安全调查分析

1. 生产安全

在农村的调查过程中发现，调查对象对于生产安全的认识并不深刻，仅有 23.7% 的接受过生产安全的培训，在回答劳动过程中是否有安全设施或措施时，有 86% 的调查对象选择完全没有或虽有但也不足以保障安全，但是对于生产的安全程度还是过半的人认为比较安全。在调查者的意识中生产安全主要指在田里劳作，由于丘陵的地形，不适合机械化操作，所以发生安全事故的可能性会大大降低。所以认为很不安全和不太安全的调查者占总数的5.4%，有94.6%的人认为在田间劳作是有安全保障的。

**表 4–7　生产劳动安全认知频数表**

| | 频数 | 百分比（%） |
|---|---|---|
| 很不安全 | 0 | 0.0 |
| 不太安全 | 10 | 5.4 |
| 一般 | 60 | 32.3 |
| 比较安全 | 102 | 54.8 |
| 很安全 | 14 | 7.5 |
| 合计 | 186 | 100.0 |

2. 交通安全

对于农村而言，由于人口车辆较少，交通并不拥堵，因此交通安全情况较城市好得多，但是调查中也了解到近年随着经济生活的改善，农村居民的交通工具得到很大丰富，特别是摩托车的普及，但是现阶段中国农村公路建设的重点还处于保证基本通行的阶段，大多数农村公路缺乏交通安全设施与应急救援体系，因此交通事故也时有发生，有46.2%的调查对象认为交通安全程度一般或不太安全。在居民的主观测量中大多数人觉得交通方面是比较安全，认为不太安全和很不安全的占调查总数的14%，这与农村的车辆少、道路宽有着很大的关系，但是通过观察，年轻人骑着摩托车飙车的现象时有发生，而有关部门对于农村的交通治安没有严厉的管制，为交通安全埋下了隐患。

**表 4–8　交通安全状况认知频数表**

| | 频数 | 百分比（%） |
|---|---|---|
| 很不安全 | 4 | 2.2 |
| 不太安全 | 22 | 11.8 |
| 一般 | 64 | 34.4 |
| 比较安全 | 88 | 47.3 |
| 很安全 | 8 | 4.3 |
| 合计 | 186 | 100.0 |

3. 消防安全

在农村调研过程中也发现火灾发生的频率确实比较低，主要就是少有的几起山火还有电器引起的火灾，尽管也发现农村的消防设施并不完善，仅有5.3% 的调查对象接受过消防安全方面的培训。但是因为火灾频率低，调查对象对于消防安全的满意度还是比较高，只有 6.5% 的调查对象认为农村的消防安全不太安全。

表 4–9　消防安全认知频数表

| | 频数 | 百分比（%） |
|---|---|---|
| 很不安全 | 2 | 1.1 |
| 不太安全 | 10 | 5.4 |
| 一般 | 62 | 33.3 |
| 比较安全 | 100 | 53.8 |
| 很安全 | 12 | 6.5 |
| 合计 | 186 | 100.0 |

4. 社会治安

以我们调研的湖北省 W 市 M 镇为例，在调研过程中发现留守现象突出，再加上农村文化娱乐设施缺乏，很大一部分农村居民的业余休闲就是赌博、打牌。在访谈过程中，62.4% 的调查对象认为自己生活的农村还是比较安全或很安全，当然还是有 10.8% 左右的人认为当前农村的社会治安一般或不太安全，这主要与近年农村盗窃案件较多且当前农村的社会治安服务并不完善有关。而且农村居民对公安机关案件处理的满意度并不高，只有 41.3% 的调查对象对于公安机关案件处理的结果比较满意。湖北省的刑事案件破案率较低可以部分地解释安全满意度较低的原因。

表 4–10　社会治安状况认知频数表

| | 频数 | 百分比（%） |
|---|---|---|
| 很不安全 | 2 | 1.1 |
| 不太安全 | 20 | 10.8 |
| 一般 | 36 | 19.4 |
| 比较安全 | 116 | 62.4 |
| 很安全 | 12 | 6.5 |

续表

| | 频数 | 百分比（%） |
|---|---|---|
| 合计 | 186 | 100.0 |

### （三）对策及建议

1. 预防为主，综合治理强化安全生产

安全生产是农村生产发展的重要支撑，是促进农村社会和谐、稳定的必要条件。对于提高我省农村居民的生产安全可借鉴以下几点:（1）善于利用不同媒介来加大安全生产知识的宣传与普及，把安全生产教育培训作为农民工转岗培训的重要内容，努力加强农村居民的安全生产意识和自我防范、保护能力。（2）健全安全生产管理，将其延伸到村委会和村民小组，实行有效的分片管理，责任明确，制定和落实安全生产的乡规民约。（3）加大投入，完善安全生产的硬件设施建设，做到减少和杜绝农村安全生产隐患，防患于未然，同时落实好应对各种安全生产突发性事故的预警机制和应急救助机制。

2. 多管齐下改善交通安全

交通安全一直是农村治理的一大突出问题，改善农村交通安全可从以下几个方面着手。（1）采用农村居民喜闻乐见、潜移默化的宣传形式，如张贴海报、电视、广播、讲座等多种宣传渠道，加强农村居民的交通安全教育，提高居民的交通安全意识。（2）由政府协调组织，公安、交通、基层村委会等参与，构建农村公路交通安全管理综合治理协调机制，严格农村车辆管理、规范车辆安全状况，禁止报废车辆、安全不合格车辆上路，严厉打击超载行为。（3）加快改善农村公路交通安全基础设施建设，如完善农村公路标志标线、防护栏、警示牌，在交通人流较大的路口适当地设置红绿灯、监控探头等电子设备。

3. 强化消防管理组织网络建设

农村消防是一个综合性工作，需要整个社会的齐抓共管，加强农村的火灾安全可从以下几个维度下手:（1）通过多种渠道，加强消防宣传教育，普及消防常识，提高农村居民的消防意识和消防知识技能。（2）加大公共财政支持力度，在农村建设中要落实消防通道，消防水源，消防装备，消防通信等公共消防设施建设，对于财政力量较于薄弱的乡镇重点支持，经济较好的则鼓励乡镇村一级加大经济投入。(3)县、乡(镇)一级要切实担负对农村消防工作的领导智能,制定相关详细规划,加强对农村消防工作的检查与协调,指导村委会建立志愿消防队等多种形式的消防组织,积极动员群众,开展群众性自防自救工作。

4. 完善农村社会治安综合治理

农村社会治安问题时农村各种矛盾的综合反映,解决农村社会治安问题的关键在于调动相关力量,推进农村社会治安综合治理建立起适应社会主义新农村建设要求的农村社会治安防范机制。(1)切实加强新农村的精神文明建设,强化法制教育,提高农民群众的法律意识和思想道德水平,知法、守法、护法,懂得运用法律维护自己的合法权益。(2)强化农村政法队伍和基层组织建设,强化队伍成员的思想素质和业务技能,使其成为整治农村社会治安,维护稳定的中坚力量。(3)在基层政府的统一领导下,公安机关与乡、镇、村积极配合,建立治安管理目标责任制,对破坏社会治安的行为严厉惩处,绝不姑息。

5. 建立健全农村食品安全监管机制

面对我省农村目前不容乐观的食品安全形势,及时建立相应的食品安全监管与保障机制势在必行,可从以下几个方面加以完善:(1)完善我省农村食品安全的法规与政策,加大对食品领域犯罪的监管与惩罚力度。(2)完善我省农村地区食品安全监管制度,强化基层食品安全管理工作体系,推进食品安全工作重心下移,强化基层食品安全管理责任,明确专人具体负责,建立乡镇食品安全领导协调机制,形成分区划片,包干负责的食品安全责任网。(3)建立健全农村食品供应体系,逐渐形成县、乡、村"三位一体"的食品流通网络,让物美价廉的正规品牌食品占领农村市场。(4)倡导和培育农村食品安全的意识,通过多种方式对优良品牌、优秀产品进行宣传,引导农村居民理性消费,并且培养村民积极、合法的维权意识与监督意识。

## 第二节　农民生活质量之环境卫生

健康可谓是农民主观与客观生活质量的根基,没有了健康和生命,生活质量就会沦为空谈。在广大农村，农民群体的健康质量不仅与其能获得的社会保障与医疗保健服务相关，也与其所处环境的质量密切相关。随着农村城镇化、工业化进程的加快，在现实农村经济快速增长的同时，也带来了环境污染、生态破坏等一系列问题，这些问题给农民的生活质量，特别是身体健康状况带来了负面影响。本节对农村的生态环境和农民的健康状况进行调查，并探求这两个因素之间的内在联系。

## 一、环境质量调查

近些年来，环境问题越来越引起政府和广大群众的关注和重视。在 2014 年两会上，国务院总理李克强强调，“要像对贫困宣战一样，坚决向环境污染宣战”[1]。在全国范围内，以雾霾频发的特大城市和区域为重点，以细颗粒物（PM2.5）和可吸入颗粒物（PM10）治理为突破口，抓住产业结构、能源效率、尾气排放和扬尘等关键环节，健全政府、企业、公众共同参与新机制，实行区域联防联控，深入实施大气污染防治行动计划。在农村地区，则主要是整治农业面源污染问题，改善土壤质量，建设美丽乡村；争取在两年内再解决 6000 万农村人口的饮水安全问题，尽力让所有农村居民都能喝上干净的水。而环境问题和政府解决污染的承诺再次成为 2015 年两会的热点，新任环保部部长陈吉宁表示将严格执行《环保法》，环保的焦点包括减少煤炭使用与碳排放。[2] 李克强总理在政府工作报告中提出，环境污染是民生之患、民心之痛，要铁腕治理。

环境无疑与人们的生活息息相关，深刻地影响着人们的生活质量。提升人们的环境质量是提高人们生活质量与构建和谐社会的关键步骤和必然追求。相对于城市更为严峻的环境形势，比如 2014 年国家统计公告发布，在按照《环境空气质量标准》（GB3095-2012）监测的 161 个城市中，城市空气质量达标的城市仅占 9.9%，未达标的城市占 90.1%[3]，农村地区由于农业生产特点和经济结构特征，在环境方面保有某些优势，但农村又由于自身经济落后

[1] 详情请参考 http://www.cenews.com.cn/sylm/hjyw/201403/t20140306_765515.htm。

[2] 详情请参考 http://news.qq.com/a/20150310/063207.htm。

[3] 详情请参考 http://www.stats.gov.cn/tjsj/zxfb/201502/t20150226_685799.html。

及相对落后的生产生活方式，存在着自己独特的环境问题。

结合 M 镇农村的地理特征和人口经济特征，本研究主要从两方面了解 M 镇农民的环境质量：一是从饮用水水质、空气质量、噪音、生活垃圾和生活污水处理方式等具体方面来来了解当地的环境状况；二是从人们对本地区毁林垦荒、水土流失、化肥农药滥用、水资源污染、土地资源污染、大气污染、森林植被破坏、生物物种消失及生态环境的总体评价来了解人们对当地环境质量的认知。

### （一）环境状况

1. 饮用水水质

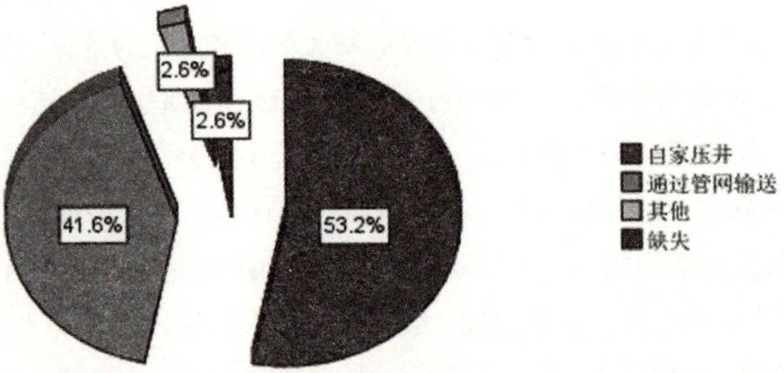


图4-2 饮用水的来源

从图 4-2 中可以看出，调查对象中，53.2% 的人饮用水来自自家压井，41.6% 的人饮用水通过管道输送。

表 4–11 饮用水中的问题

| | 频数 | 百分比（%） | 个案百分比（%） |
|---|---|---|---|
| 没有问题 | 142 | 68.6 | 76.8 |
| 有异味 | 21 | 10.1 | 11.4 |
| 浑浊度高 | 16 | 7.7 | 8.6 |
| 有微生物 | 3 | 1.4 | 1.6 |
| 硬度大 | 8 | 3.9 | 4.3 |
| 口感差 | 17 | 8.2 | 9.2 |
| 总计 | 207 | 100.0 | 111.9 |

在对饮用水中存在的问题进行多重响应分析时，从表 4-11 中可以清晰地看出，68.6% 的调查对象认为饮用水没有问题，但仍然有 31.4% 的人认为饮用水存在异味、浑浊度高、有微生物、硬度大、口感差等问题。

2. 空气质量

表 4–12　空气中存在的问题

| | 频数 | 百分比（%） | 个案百分比（%） |
|---|---|---|---|
| 没有问题 | 149 | 80.1 | 81.9 |
| 有异味 | 8 | 4.3 | 4.4 |
| 粉尘大 | 21 | 11.3 | 11.5 |
| 灰霾天气多 | 8 | 4.3 | 4.4 |
| 总计 | 186 | 100.0 | 102.2 |

在对空气中存在的问题进行多重响应分析时，从表 4-12 中可以看出，80.1% 的调查对象认为他们呼吸的空气没有问题，仅有 19.9% 的人认为空气存在异味、粉尘大、灰霾天气多等问题。

3. 噪音

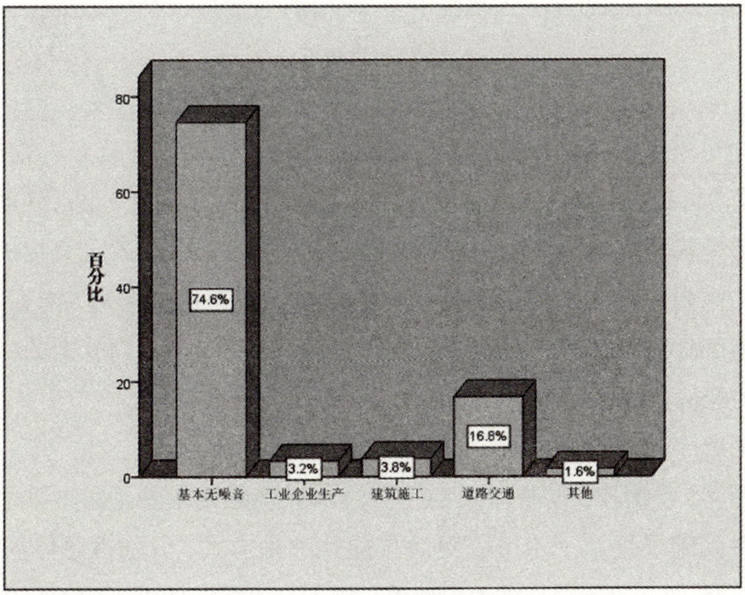


图4-3　噪音的主要来源

从调查对象的回答中可以看出，74.6% 的人认为自身的居住环境中基本不存在噪音问题，余下噪音主要来自道路交通，占到 16.6%；建筑施工和工业企业生产产生的噪音也对人们的生活产生一定的影响。

4. 生活垃圾

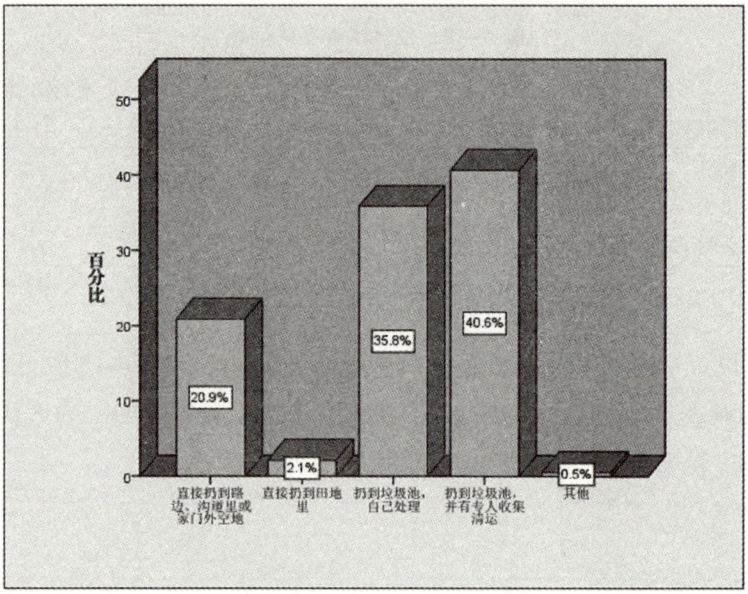


图4-4　生活垃圾的处理方式

调查对象中，40.6% 的人将生活垃圾扔到垃圾池中并有专人收集清运；35.8% 的人扔到垃圾池中，或是焚烧、或是掩埋、或是搁置，自己处理；20.9% 的人生活垃圾直接扔到路边、沟塘或家门外空地上；2.1% 的人直接扔到田地里。这一结果的出现，主要取决于村落距离 M 镇镇区的距离，调查中发现，镇区周围的村落基本都有专门的公共垃圾箱及清理人员，而其余的村庄主要视自身的经济特征而定。

5. 生活污水

从图 4-5 中看出，调查对象的生活污水处理方式主要是通过排水沟排到屋外、泼到院子里及下水道收集后排除这三种方式，分别占总体的 26.5%，25.9% 和 25.4%，余下则是泼到田地里、排入自家挖的污水下渗池集中喂养家禽。

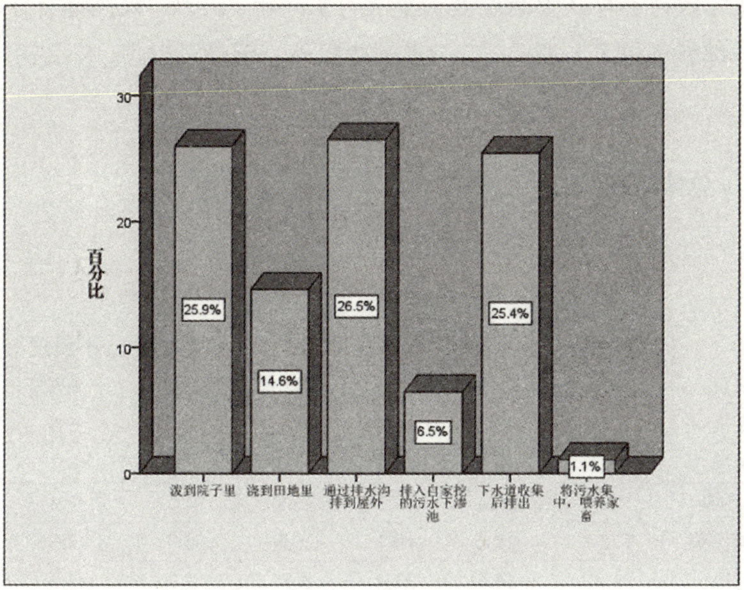


图4-5　生活污水的处理方式

结合以上图表，可以得出以下结论：

一是压井水和管道输送水是饮用水的主要来源，各占一半左右，68.6%的调查对象认为饮用水水质良好，没有问题，仅有31.4%的人认为饮用水中存在一些问题。饮用水水质认可度较高；

二是绝大多数调查对象（80.1%）认为他们呼吸的空气没有问题，本地区空气质量良好；

三是大多数调查对象（74.6%）认为自身的居住环境中基本不存在噪音问题，噪音污染小；

四是将近一半的生活垃圾统一处理，但村民垃圾处理方式依旧存在着许多问题，自处理或是随处丢弃依旧占有很大比例；

五是生活污水处理方式较为分散、随意。

上述现象的存在一方面是由于M镇多山地、丘陵，植被丰富，农业发展较好，工业相对欠发达，环境污染较轻，同时政府重视新农村环境建设。这些因素使得其环境质量较好，人们对环境的认可度较高；另一方面也与调查对象的环境意识有关。一些村民环境意识模糊，对环境问题认识不够，比如一些村民认为农村不存在生活垃圾和生活污水问题，认为“农民哪有什么垃圾，往地里一埋就可以了”或是“（污水）往屋外一倒就可以了，什么污水，根本没有”。

## （二）总体认知

表 4–13　对本地区一些环境问题的评价（%）

| | 没有问题 | 不太严重 | 一般 | 比较严重 | 非常严重 | 不清楚 | 总计 |
|---|---|---|---|---|---|---|---|
| 毁林垦荒 | 22.4 | 45.9 | 15.3 | 7.1 | 2.7 | 6.6 | 100 |
| 水土流失 | 20.2 | 48.1 | 16.9 | 5.5 | 2.7 | 6.6 | 100 |
| 化肥农药滥用 | 15.9 | 33.5 | 21.4 | 18.7 | 2.2 | 8.2 | 100 |
| 水资源污染 | 17.5 | 28.4 | 19.1 | 26.8 | 4.9 | 3.3 | 100 |
| 土地资源污染 | 17.5 | 28.4 | 19.1 | 26.8 | 4.9 | 3.3 | 100 |
| 大气污染 | 21.7 | 44.6 | 23.4 | 3.8 | 2.2 | 4.3 | 100 |
| 森林植被破坏 | 23.2 | 35.9 | 24.9 | 5.5 | 2.8 | 7.7 | 100 |
| 生物物种消失 | 23.3 | 33.9 | 22.8 | 7.2 | 0.6 | 12.2 | 100 |

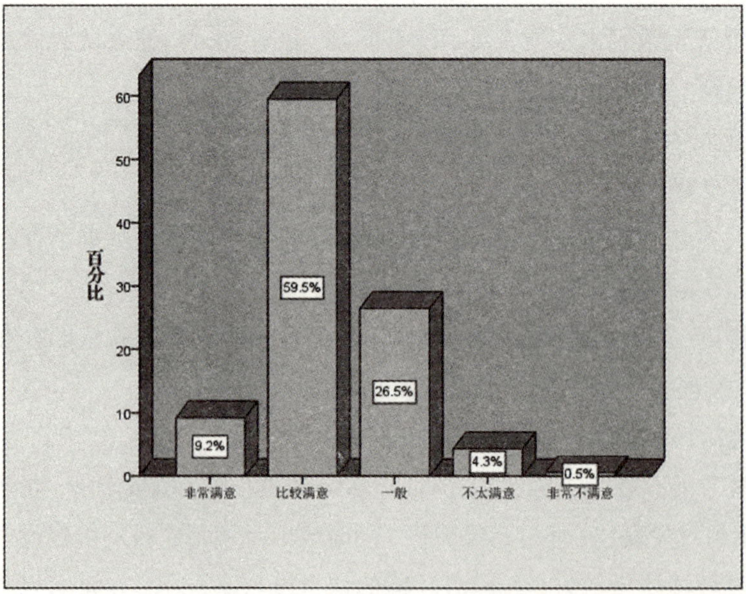


图4-6　生态环境现状的满意度

在对本地区毁林垦荒、水土流失、化肥农药滥用、水资源污染、土地资源污染、大气污染、森林植被破坏、生物物种消失这些环境问题的评价中，从表4-13中可以看出，大部分调查对象都认为没有问题或是问题不太严重。但还有较大比重的调查对象认为水资源污染、土地资源污染及化肥农药滥用问题比较严重，分别占总体的26.8%、26.8%和18.7%，这与农业生产的特征有一定的关联。从图4-6中可以看出，总体而言，调查对象对本地区生态环境现状较为满意，68.7%的人处于较为满意或是非常满意的状态，人们对其生活的环境质量认可度较高。

### （三）结论与建议

M镇居住环境良好，居民对其认可度高。除去其自然经济因素外，更与政府的重视和支持分不开。M镇政府主要在以下3个方面采取措施：一是政策和资金支持，镇政府成立了综合整治领导小组，并结合实际制定出台实施方案，积极推动"洁万家"和新"三万"活动，推广试点村先进的经验做法，将与环境建设与文明建设相结合，开展文明新村和"十星级文明户"创评活动，制订清洁村庄和文明卫生户标准，组织村组开展卫生大检查，注重培养个人讲卫生、家家讲清洁、村村讲容貌、处处讲文明的好习惯。同时把整治农村环境作为公共财政支持和保障的重点；二是坚持政府推动与市场运作相结合，在发挥政府主导作用的同时，用市场的办法在全市各乡镇成立保洁公司，做好垃圾清运工作，采取以道路绿化权换林权的办法，鼓励企业和大户参与乡村绿化和生态建设[1]；三是积极推动社会力量的参与，鼓励支持各村自行筹资。张牌村从贫穷落后的小山村一跃成为全镇新农村建设的亮点村、先进村就离不开村支部的积极筹资[2]。

本研究在调查过程中发现，M镇环境建设在取得一系列成就的同时，也存在着不少问题：

首先，生活垃圾、生活污水及化肥农药的滥用（固体垃圾、水污染及土壤污染）是M镇主要的环境问题。

其次，村民环境意识薄弱，传统的生产和生活方式在村民的日常生活中

[1] 具体请参考 http://mcz.wuxue.gov.cn/show.aspx?id=362&cid=116。

[2] 具体请参考 http://mcz.wuxue.gov.cn/show.aspx?id=360&cid=116。

依旧占有重要地位，许多农民多次强调农村“没有环境问题”。

再者，各村之间环境建设状况不平衡，有能力、有实力的村庄能够迅速获得资源，有效改善自身的环境状况，其他则不然。

比如“文化小镇”宋河山庄的建成，就离不开宋恒兵个人的能力；又比如上文提到的张牌村的大转变，正是由于该村老党员刘正明在村庄整治中带头出资 5000 元，义务投工 1 个多月，带动了全垸每户出资 5000 元并积极投工投劳，最终取得一系列成就。而一些经济相对落后的村庄，在获得资源和开展活动时缚手缚脚，在环境建设方面难免落后。比如图 4-7 中的 L 村，由于无力承担村庄集体处理垃圾的费用，垃圾随处可见。

图4-7　L村路旁随处可见垃圾

这些问题的解决需要长期的教化和资金投入，而这恰恰是目前我国农村环境建设的短板。在 M 镇的调研过程中，研究组发现政府的组织或村庄能人的带领能够有效地改善环境状况，但从长远来看，资金和技术投入也是解决问题的必要举措。

## 二、健康状况调查

### （一）数据分析

在健康方面，所涉及的问题包括自评身体健康状况、食物安全和饮用水安全等健康条件、体检情况和就医情况等健康行动以及对自身的健康满意度等。对于农民的健康状况，主要是让受访者总体评价自己的身体健康状况，在健康条件方面主要是农民反映当地的食品安全状况和饮用水安全状况，在健康行动方面就农民的体检行动和就医选择进行了调查分析，另外就农民的健康知识获得途径、对自身健康满意度和当地的医疗资源情况进行了访问。本文假设农民个人健康既受个人先天遗传条件以及后天健康投资、健康维护等个人因素的影响，也受到社区环境、医疗制度等外部因素的影响。以此为假设，本文将利用M镇186个样本农户的调查数据，描述农民的总体健康状况。

1. 自评身体健康状况

农民的健康状况，健康状况通常使用死亡率、期望寿命、患病率和自评健康等指标来衡量，很多研究表明，自评健康状况是预测患病和死亡的独立的指标，可以作为一个反应健康状态的可靠指标。调查对象对健康的自评状况可以反映农民对自己身体健康的关注度。

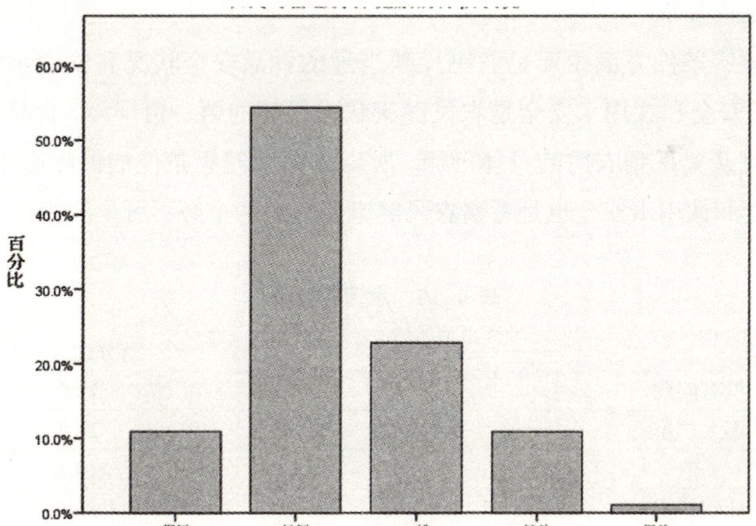


图4-8　对自己身体健康的评估状况条形图

**表 4–14　身体健康状况满意度**

| | 频数 | 百分比（%） |
|---|---|---|
| 非常满意 | 20 | 10.8 |
| 比较满意 | 110 | 59.5 |
| 一般 | 43 | 23.2 |

续表

| | 频数 | 百分比（%） |
|---|---|---|
| 不太满意 | 11 | 5.9 |
| 非常不满意 | 1 | 0.5 |
| 合计 | 185 | 100 |

调查显示，有 10.9% 的农民身体状况很好，54.3% 的农民身体健康状况较好，22.8% 的农民身体健康状况一般，还有 10.9% 和 1.1% 的农民身体健康状况分别为较差和很差。这与调查过程中农民对自己健康状况的满意度（非常满意、比较满意、一般、不太满意、非常不满意）的比例（7.6%、56.2%、25.4%、10.3%、0.5%）大体一致。由此可以看出大部分农民对自己的身体状况比较满意，只有小部分农民认为自己的身体较差和很差，这一结论与其他研究并无太大差别。

2. 健康条件

在健康条件方面主要是农民反映当地的食品安全状况和饮用水安全状况，食品安全和饮用水安全是农民健康状况保障的第一道屏障，食品和饮水的安全直接关系到农民的身体健康，所以这两个健康条件的保障必不可少，食品安全和饮用水安全也是考察农民健康条件的两个必不可少的指标。

**表 4–15 水污染评价**

| | 频数 | 百分比（%） |
|---|---|---|
| 没有问题 | 32 | 17.5 |
| 不太严重 | 52 | 28.4 |
| 一般 | 35 | 19.1 |
| 比较严重 | 49 | 26.8 |
| 非常严重 | 9 | 4.9 |
| 不清楚 | 6 | 3.3 |
| 合计 | 183 | 100 |

根据表格可以得知农民对日常食品安全的满意度（非常满意、比较满意、一般、不太满意、非常不满意）分别为 10.8%、59.5%、23.2%、5.9%、0.5%，大多数农民对于日常食品安全是比较满意的，究其原因，农民大多是自给自足，平时吃的粮食和蔬菜都是自家种植，精心培育，所以不存在食品添加剂等

一些化学制品，所以农民对于食品是比较放心的。而对于当地的水资源的污染状况大家的看法不尽相同，17.5% 的受访者认为当地的水资源没有污染问题，28.4% 的农民认为当地的水污染不太严重，19.1% 的受访者认为水污染问题一般，26.8% 的受访者认为当地的水污染比较严重，4.9% 的受访者认为当地的水污染非常严重，还有 3.3% 的受访者对此不清楚。根据调查得知并不是村里所有农户都使用自来水，部分农户仍使用自家井水，部分农户使用自来水，使用自来水的农户普遍反映自来水存在浑浊、异味、硬度大等问题，临近水库的村民直接在水库里洗衣服，使水库的水资源污染严重。当地水资源的污染对农民的健康状况构成极大的威胁，在水资源污染没有形成无法挽回的局势时，有关部门应该加大治理水资源污染的问题，使得农民的健康状况得到有效保障。

3. 健康行动

在健康行动方面就农民的体检行动和就医选择进行调查分析，健康行动反映的是农民对于自己健康状况的关注度和政府、社会给农民提供的可选择资源。关于健康行动方面不仅调查农民的主观认知，也调查了客观存在的资源条件。

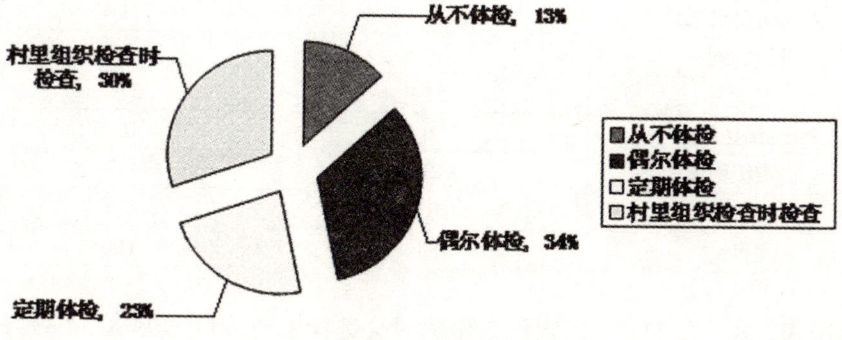


图4-9　参与体检程度饼形图

体检是预防和治疗疾病的有效手段，但是否参加体检，一方面取决于农民的个人意识和意愿；另一方面取决于体检的费用和效率；在调查过程中，大部分农民对于健康体检的认知无差别，他们普遍认为，健康体检很重要，但是在实际过程中，从不体检的农民比例为 13.2%，偶尔体检的农民比例为

33.5%，23.1% 的农民是进行定期的健康体检，村里组织体检时才体检的农民占比例为 30.2%，在调查的过程中我们发现，农民的健康体检活动更多的是依靠村里组织的集体体检，但是，村里有组织的健康体检活动并没有普及到每一个村，相对偏远贫困村的农民表示村里没有组织过任何的体检活动。体检是预防和治疗疾病的有效手段，由于费用的限制，大多数农民不会选择定期去医院做健康体检，这就延误了体检可能发现的一些疾病，到真正发现时治疗的难度和高昂的医药费往往成为农民家庭不能承受之重，“因病返贫”的鲜活例子在现实生活中反复上演。这里反映了农村医疗资源的分布不均造成的不公待遇，农村医疗资源的缺失是农民健康状况不能保障的主要原因。所以，建立健全农村医疗卫生资源对于提高农民的健康状况和农民生活的幸福度至关重要，定期组织医疗人员下乡为农民进行免费体检活动也是预防疾病的有效手段，应大力宣传医疗卫生保健知识，宣传健康体检的重要性，改变农民有关体检活动的陈旧观念。

**表 4–16　平时看病场所选择**

| | 频数 | 百分比（%） |
|---|---|---|
| 不治疗 | 0 | 0.0 |
| 去药店自己买药 | 21 | 11.4 |
| 私人诊所 | 8 | 4.3 |
| 卫生所 | 51 | 27.7 |
| 乡镇医院 | 86 | 46.7 |
| 县市级医院 | 18 | 9.8 |
| 其他 | 0 | 0.0 |
| 合计 | 184 | 100 |

图表显示：有 11.4% 的农民在生病时会选择去药店自己买药，4.3% 的农民回去私人诊所治疗，27.7% 的农民会选择去卫生所治疗，对于对乡镇医院的选择高达 46.7%，对于县市级医院的选择所占比例为 9.8%，不治疗和其他的选择为 0。2013 年，W 市共拥有卫生机构 268 个（包含村级卫生室），其中医院 10 个，卫生院 16 个，专科疾病预防控制中心 1 个，妇幼保健院 1 个；共拥有卫生床位 2643 张；医疗卫生机构现有技术人员 3113 人，其中执业医师（含助理医师）1048 人，注册护士 1057 人。农村居民（包括失地农民）

参加新型合作医疗人数61.78万人，参合率达100%。新型农村合作医疗的高普及率是农民就医选择乡镇医院的重要原因。通过走访一家卫生所我们了解，农村医疗卫生设备、医疗人员、医疗资源缺乏。位于W村的一家卫生所，也是附近唯一的一家卫生所，卫生所内只有一位医生，室内条件极其简陋，仅有两张床位，前来看病的村民大多聚集在卫生所前面的空地上，输液的病人坐在小板凳上，输液瓶就挂在门口的大树上，据了解前来看病的病人大多来自附近的村子，他们选择来此看病的一致理由是这是附近唯一的一家卫生所。由此看来，并不是农民有权利选择哪些医疗机构，更多的是他们根本没有选择。村级诊所医疗条件较差，医生的业务素质普遍不高，很少经过正式的培训，所用的药品质量得不到保证，但绝大部分农民生病时只能依赖村级诊所就医，这似乎成为广大农民就医的常态。

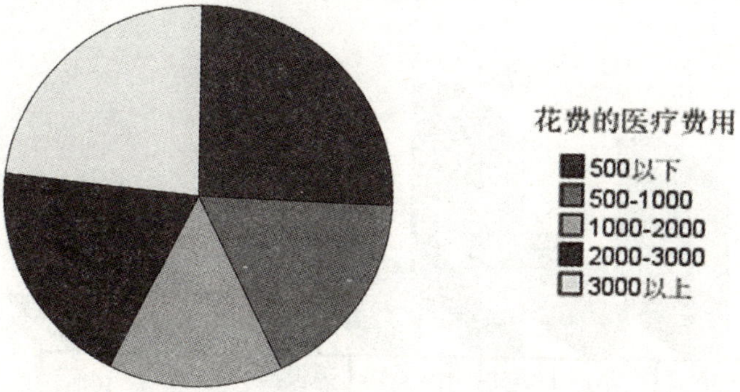


图4-10　花费医疗费用状况饼状图

根据图表显示，2014年医疗费用的花费，在500元以下的占25.6%，500～1000元有17.2%，有14.4%的农民2014年医疗费用为1000～2000元，19.4%的农民医疗费用为2000～3000元，花费3000元以上的农民有23.3%，农民的医疗费用花费，500元以下的和3000元以上的农民比例大体相当，而中等花费的农民比例相对平衡都不超过20%，总体上呈两头高中间低的“马鞍型”形状。3000元以上的医疗花费的农民比例为23.3%，这个比例相对较高，很多农民表示2014年的医药花费多达几万，占据了家庭的主要开支，农民很多疾病是慢性疾病，农民慢性病病种主要以高血压、糖尿病、高脂血症为主，这些疾病每年都需要花费大量的医药费，再加上农村卫生条件不理想，慢性病恶化的问题威胁着广大农民的身心健康。农民农活繁重，常年下田干活，很多农民患有风湿、关节炎、呼吸道感染疾病，这些医药开支往往成为农民家庭开支的一部分，在调查农民家庭消费负担最重项目中，有25%的农民表示疾病就诊是最重的家庭消费负担之一。当前，农民疾病经济负担重，医疗保障水平低，医疗费用上涨过快、经济收入水平低是造成农村居民健康得不到有效改善的重要原因。经济上的窘境导致广大农民“生不起病”“大病小治、小病不治”的“怕病”心理，给诊治疾病带来很大困难，而农民诊治疾病的费用增加，因病致贫、因病返贫迫使一些有病该住院治疗的人放弃住院，使健康状况进一步恶化。在调查中发现，农民对新农村合作医疗的报销表示不满意，有些农民反映，新农村合作医疗主要是对一些特定的药费给予报销，而农民治病的常用药很多都不在报销范围之内，也有农民表示，新农村合作医疗的报销比例太低，对于高昂的医疗费用没有多大作用。

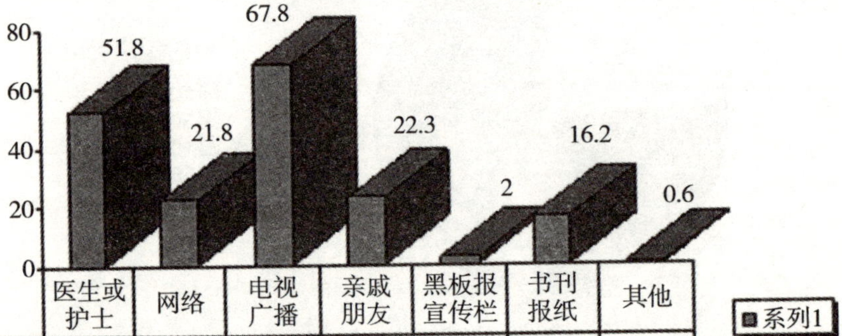


| | 医生或护士 | 网络 | 电视广播 | 亲戚朋友 | 黑板报宣传栏 | 书刊报纸 | 其他 |
|---|---|---|---|---|---|---|---|
| 系列1 | 51.8 | 21.8 | 67.8 | 22.3 | 2 | 16.2 | 0.6 |

图4-11 健康保健知识获得途径条形图

对于健康保健知识的获得途径，有51.8%的农民的健康保险知识来源于医生或护士，21.8%的农民的健康保健知识来源于网络，67.8%的农民的健康保健知识来源于电视广播，22.3%的农民的健康知识来源于亲戚朋友，只有2.0%的农民的健康保健知识来源于黑板报宣传栏，健康保健知识来源于书刊报纸的农民比例为16.2%。由此可以看出调查对象获取健康知识最主要的途径是电视广播，其次来源主要是医务人员，这与许多研究结果类似，本次研究发现，高达21.8%的调查对象获取健康信息的最主要途径是网络，表明网络已进入农民的生活，传统的黑板报宣传栏逐渐被新兴的媒体所替代，这就提示健康教育工作者针对农民健康信息的传播除传统的电视传媒外，也需要加强新媒体如互联网的传播，同时需要建立网络健康信息的监督机制。从以上分析来看，虽然农民在获得健康知识的途径的选择令人满意，但是，获得的健康知识究竟有哪些，这些健康知识对于农民对生活习惯和健康观念的认知是否有改变都没有反映出来。根据国家统计局发布的2013年农村居民主要疾病死亡率及死因构成中，恶性肿瘤、心脏病、脑血管病、呼吸系统疾病等疾病是农村居民死亡的主要构成因素。要改善这种状况，就要加强广大农民良好生活习惯和健康意识的培养，当地政府和医疗服务机构还要做相当多的宣传、指导工作，特别是县级以上的医疗服务机构，要经常深入当地农村，对农民进行生活方式和健康行为的指导，引导广大农民逐步走向健康科学的生活之路。

### （二）结论和建议

多数农民对自己的健康状况的评估状况比较乐观，但是受年龄、文化程度、经济收入和生活方式等的影响，农民对保持身体健康问题的认识存在明显的差异性和发展的不平衡性，与此同时，各种慢性病也在折磨着广大农民，目前，农民健康呈现出两种类型，一种是相对贫困农民长期的营养不良及生产生活的压力，使得身心健康状况较差；另一种是相对富裕农民由于生活水平提高而导致营养过剩和运动不足。污染问题较为严重，农民环保意识的低下、工业污染、垃圾处理不当、农药化肥滥用这些成为现在农村威胁农民生存健康的主要因素。农村医疗资源的缺乏是目前农民健康得不到保障的最大因素，大力推进新型农村合作医疗，改善农村医疗条件是农民的心愿。

首先，提高农民的生活质量，保障农民的身体健康，增加农民的幸福感，重点是发展农村经济，增加农民的收入，但是同时，不能以破坏农村的生态环境为前提。要结合各地的产业特色，调整产业结构，发展具有地方经济特色的朝阳产业，提高农民的收入。农民生活质量的改善，加上观念的改变，必定能保障农民的身体健康。

其次，大力推进新型农村合作医疗，提高新型合作医疗的报销比例，使农民摆脱“看病难”“看病贵”的困境，基层政府要切实落实政策，大力引进医疗人才，争取每个村都能配备相应的医疗设备和医疗人员。每年定期为村民提供免费体检，做好疾病预防的工作。

再者，政府部门做好有关健康保健知识的宣传工作，改变农民健康知识薄弱的缺点，营造崇尚体育健身的良好氛围，增强农民群众参与体育健身的意识，从管理体制上为农民参加健身活动创造条件，进一步提高农民的健康水平。同时，政府要建立健全有关农民的社会保险、社会救助、社会福利和慈善事业相衔接的农村社会保障体系，为维护农民的身心健康提供保障。

最后，改变农民的传统观念，加强农民的文化教育、健康教育和健康促进工作，倡导平衡膳食与健康的生活方式，提高农民自我保健意识和保健能力。结合农村义务教育和农民健康教育，大力推广宣传合理膳食，加强体育锻炼，增强体魄。

## 第三节　农民主观生活质量因子分析

本节的研究从农民的视角出发，考察对农民而言，生活中哪些领域的认知和满意度对其总体满意度和幸福感的影响更为突出；考察当农民考虑、评判自身的主观生活质量时，他们会将目光聚焦在哪些方面，或是更为重视哪些方面。本研究从受访村庄的居民中抽取样本，调查其主观生活质量现状并采用因子分析法对数据进行分析。问卷数据的因子分析结果显示，农民的各领域满意度可以被归纳为安全因子、休闲因子、医疗因子、经济因子和服务因子，上述 5 个因子的累计方差贡献率为 64.203%，保留了原始数据中较多的信息量，能对农民主观生活质量作出较好的估计。也就是说农民对安全、休闲、医疗、经济、公共服务等领域的认知和满意度对其总体满意度和幸福感有影响，且影响的程度依次递减。这一结论启示我们，随着农民物质生活条件的整体改善和农村现代化水平的提高，“三农”问题的重点已由“农民生存”转变为“农民生活”。农民生活态度的一系列变化要求我们在观察、分析和试图解决“三农”问题时，应当从农民的视角出发，关注农民需求的多元化与层次性，关注农民的社会生活在社会转型背景下发生的新变化，从而使“三农”改革措施更符合农民的实际需要，更能提升农民的幸福感。

## 一、研究背景

一直以来，“三农”问题都是中国经济社会发展与变革的焦点，受到政府及社会各界的高度关注，这与中国“农业大国”的历史和现实地位密不可分。中共中央从1982年开始连续五年发布以“三农”为主题的中央“一号文件”，对农村改革和农业发展作出具体部署；2004年至2015年又连续十二年发布以“三农”问题为主题的中央“一号文件”，其中近两年的文件更是将推进农业现代化、破除体制机制弊端作为工作重心。李克强总理于2014年3月5日在十二届全国人大二次会议上指出，要进一步促进农业现代化和农村改革发展，要坚持把解决好“三农”问题放在全部工作的重中之重。“三农”问题作为一个大系统，其中既包含从传统农业社会遗留至今的老问题，也包含在处于社会转型期、利益调整期和矛盾凸显期的当今社会中显现出的新问题。新、老问题的交织，城乡、地区差异的凸显，阶层、群体间矛盾的汇聚，使得中国的“三农”问题错综复杂，而针对具体问题的改革也往往呈“牵一发而动全身”之势。“三农”问题的解决，归根结底在于改善民生。习近平总书记指出，要从根本上解决“三农”问题，关键在于确立“以人为本”的理念和统筹兼顾的思想，高度重视农民利益。[1] 由此，改善民生，提高农民的生活质量，特别是提高农民群体的满意度与幸福感，也就成为了解决“三农”问题的着眼点。

从本书第二章中的统计数据来看，农民的物质生活水平近十年间有了显著的增长。在收入方面，从湖北省农民年人均收入变化情况看，2004年至2013年农民收入持续平稳增长，年人均收入从2004年的2890元增加到2013年的8867元，十年间增长了两倍，且近三年增幅较大。在消费方面，国家统计局最新数据显示，湖北省农村居民家庭人均消费支出总体上也呈现出较强的上升趋势，由2002年的1745.6元增长到2013年的6279.5元，十一年左右的时间内增长了2.5倍，而全国农村居民家庭人均消费支出也呈现相同的态势。尽管农民群体的收入与消费水平总体上均呈显著增长的趋势，但其对自身生活的满意度却没有同步提高，相关研究表明当前农民的社会认同和生活

---

[1] 习近平:《“以人为本”从根本上解决“三农”问题》,《党政干部文摘》2006年第5期。

满意度水平总体偏低，或仅处于中等水平。[1] 也就是说，农民生活感受的提升明显落后于实际生活水平的增长，该现象被形象地称为“拿起筷子吃肉，放下筷子骂娘”。农民实际生活水平和主观生活感受之间的反差表明仅仅通过增加农民收入、提高农民的客观生活水平，并不能保障农民幸福感的提高。这就要求社会各界在关注农民客观生活质量——即实际生活状况——的同时，更加关注其主观生活质量，即对生活状况的主观感受和评价。学术界相关研究表明农民群体的主观生活质量总体水平较低，情况不容乐观。邢占军的研究证实农民群体的主观生活质量较低，其对于城乡居民主观生活质量的比较研究认为，城市居民的主观生活质量总体上高于农村居民，这种主观生活质量的相对优势突出表现在主观幸福感总指数、知足充裕体验、心理健康体验等一系列指数上，并将这一现象的成因归结为城乡经济社会发展差距拉大，以及经济转轨、社会转型对农村社会观念与社会心态的冲击。[2] 他认为当前主要社会群体的主观生活质量具有层次性，并将农民群体的主观生活质量列入第三层次，认为农民的总体幸福感低于干部群体、新兴群体、知识分子群体、国企管理者群体和工人群体，仅高于城市贫民群体。[3]

研究农民的主观生活质量，仅考察各个指标的得分高低及其代表的现实意义，考察农民的总体满意度、幸福感和对日常生活各个方面的领域满意度还不够。要做到从农民的视角出发，自下而上地了解农民的满意度和幸福感，还必须考察如下问题：对农民而言，日常生活中哪些领域的满意度、哪些主观变量对其总体满意度和幸福感的影响更为突出；当农民考虑、评判自身的主观生活质量时，他们会将目光聚焦在哪些方面，或是更为重视哪些方面。在研究中关注农民自身的“目光”和“注意力”，符合以人为本、关注民生的理念和精神，本研究正是基于这一思路而展开的。

---

[1] 李辉、白新杰:《社会认同视角下中国农民生活满意度的现状及影响因素研究》,《调研世界》2010 年第 7 期。

[2] 邢占军:《城乡居民主观生活质量比较研究初探》,《社会》2006 年第 1 期。

[3] 邢占军、黄立清:《当前主要社会群体主观生活质量研究——以沿海某省调查为例》,《南京社会科学》2007 年第 1 期。

## 二、农民主观生活质量因子分析

由于测量农民主观生活质量的各个指标之间存在相互依赖关系，即存在多重共线性，故通过因子分析法提取公因子。因子分析的统计结果表明，对原始观测变量的 KMO 取样适当性检验值为 0.767，Bartlett 球形度检验的卡方值为 1289.441（df=171），Sig. 值近似于 0，表明检验结果显著。上述检验结果说明这些变量适合进行因子分析。把特征值大于 1 作为标准截取数据，采用方差最大法对因子荷载矩阵实行正交旋转后得到 5 个因子，分别命名为：（1）安全因子，其包含的 5 个观测变量涉及农民对公共安全、食品安全与生态环境的认知和满意度；（2）休闲因子，所包含的 3 个观测变量均与农民对休闲娱乐活动与设施的看法；（3）医疗因子，其所涉及的 3 个观测变量描述了农民对医务人员的医疗技术、服务态度以及医疗设备的满意程度；（4）经济因子，该因子包含的 4 个观测变量涉及农民对自身经济收入和消费支出状况的主观态度；（5）服务因子，该因子包含的 4 个变量涉及农民对公共服务、医药费报销比例、受教育情况、健康状况等与公共服务供应有关的方面的主观满意度。在本研究当中，除了“食品卫生满意度”这一项变量在“安全因子”与“服务因子”两个因子上的荷载同时超过 0.5 之外，所有参与分析的变量仅在单一因子上有较大荷载，且所有变量的因子荷载值均大于 0.5，这表明分析效果较好。结果显示，19 个观测变量能够较好地被这 5 个因子所解释，累计方差贡献率为 64.203%，也就是说因子保留了原始数据中较多的信息量，能对农民主观生活质量作出较好的评估，因子分析的结果可以被接受。

**表 4–17　特征根与各因子贡献**

| | 安全因子 | 休闲因子 | 医疗因子 | 经济因子 | 服务因子 | 共同度 |
|---|---|---|---|---|---|---|
| 生态环境满意度 | 0.713 | 0.036 | 0.015 | -0.034 | 0.475 | 0.736 |
| 食品卫生满意度 | 0.698 | 0.036 | -0.076 | 0.069 | 0.516 | 0.766 |
| 公共安全服务满意度 | 0.674 | 0.077 | -0.246 | 0.131 | -0.053 | 0.541 |
| 公安机关工作满意度 | 0.649 | 0.258 | -0.185 | 0.000 | -0.152 | 0.545 |
| 公共安全总体状况认知 | 0.595 | 0.034 | -0.290 | 0.126 | 0.135 | 0.474 |

续表

| | 安全因子 | 休闲因子 | 医疗因子 | 经济因子 | 服务因子 | 共同度 |
|---|---|---|---|---|---|---|
| 休闲活动开展、参与满意度 | 0.043 | 0.921 | 0.075 | 0.172 | 0.103 | 0.897 |
| 休闲设施、场所使用便利度 | 0.147 | 0.920 | 0.017 | 0.158 | 0.078 | 0.899 |
| 休闲设施、场所满意度 | 0.152 | 0.857 | -0.068 | 0.048 | 0.160 | 0.791 |
| 医务人员医疗技术满意度 | -0.141 | -0.038 | 0.908 | -0.003 | -0.092 | 0.855 |
| 医疗设备满意度 | -0.167 | 0.024 | 0.831 | -0.052 | -0.129 | 0.739 |
| 医务人员服务态度满意度 | -0.228 | 0.035 | 0.813 | -0.107 | -0.062 | 0.730 |
| 自我经济状况认知 | 0.096 | 0.054 | -0.025 | 0.796 | -0.061 | 0.650 |
| 自我经济地位认知 | -0.062 | 0.060 | -0.025 | 0.726 | 0.200 | 0.575 |
| 经济现状满意度 | 0.090 | 0.176 | -0.105 | 0.717 | 0.211 | 0.609 |
| 消费情况满意度 | 0.453 | 0.130 | -0.038 | 0.539 | -0.054 | 0.517 |
| 公共服务状况满意度 | 0.415 | 0.257 | -0.042 | -0.108 | 0.608 | 0.622 |
| 自我健康状况满意度 | 0.291 | -0.015 | 0.066 | 0.139 | 0.607 | 0.477 |
| 自我受教育水平满意度 | -0.053 | 0.135 | -0.181 | 0.038 | 0.586 | 0.398 |
| 医药费报销比例满意度 | -0.133 | 0.071 | -0.152 | 0.251 | 0.519 | 0.379 |
| 特征值 | 4.975 | 2.535 | 1.809 | 1.582 | 1.297 | |
| 方差贡献率 | 26.186 | 13.341 | 9.523 | 8.326 | 6.827 | |
| 累计方差贡献率 | 26.186 | 39.527 | 49.050 | 57.376 | 64.203 | |
| 提取法：主成分分析法；旋转法：具有 Kaiser 标准化的正交旋转法。 | | | | | | |

通过因子分析，最终得到了一个对于农民主观生活质量各项指标较为简单的结构描述，包括 5 个主要因子。

从因子方差贡献率一栏中可以得知，方差贡献率最大的因子是安全因子，能解释其中大约 26.186% 的部分。该因子包括生态环境满意度、食品卫生满意度、公共安全服务满意度、公安机关工作满意度、公共安全总体状况认知这 5 个指标。除了与公共安全直接关联的指标外，生态安全和食品安全对于农民群体而言也是重要的安全领域，故将该因子命名为安全因子。该数据表明农民对于安全的认知和满意度对于其主观生活质量有着重要的影响，这种影响甚至大于休闲、医疗、经济、服务等方面的满意度对主观生活质量的影响。现代化进程对农村社会的冲击以及由此产生的农村社会秩序变迁，使得农村中传统的社区记忆逐渐弱化和断裂，传统文化、宗族力量和公众舆论对于村民的约束作用随之减弱，农村社会出现原子化和社会规范弱化的特征，甚至可能导致社会失序。[1] 在这一背景下，包括人身财产安全、交通安全、食品安全、环境安全在内的一系列安全问题带着较以往不同的特征凸显出来。在交通安全方面，农村公路建设的兴起，在为城乡物资信息沟通提供极大便利、促进当地经济发展与社会进步的同时，也增加了交通事故发生的可能性。现代化的公共交通系统是城市发展进步的产物，这种产物在进入农村的过程中必然会出现一些摩擦。一方面农村的交通指示线、交通灯等公共交通安全体系往往不甚完善，另一方面村民较城市居民更容易忽视交通安全，也更可能对公共交通规则缺乏了解，两个方面共同增大了交通安全的潜在风险；在生态环境方面，农村城镇化进程的持续推进在改变农村传统面貌的同时，也带来了包括土地污染、水污染、空气污染和噪声污染在内的环境污染和生态破坏，破坏了传统农村的宁静与和谐。上述种种问题在对农民的客观生活质量带来负面影响的同时，也引起了农民普遍的不满，影响了农民主观生活质量的提高。与其他 4 个因子相比，安全因子与“传统—现代”的社会转型和社会变迁的关联更为直接，环境污染、生态破坏、食品安全和交通安全等问题不是传统农业社会固有的社会问题，而是在工业化和现代化的社会背景下、在农村社会变革的过程中出现的“新”问题，这些问题实质上是社会转型中必然产生的阵痛，是工业文明和农业文明相互碰撞的结果。在这样的背景下，农民对公共安全领域的不满也就必然对其主观生活质量和整体满意度产生较大的负面影响。

第二项因子为休闲因子，其方差贡献率为 13.341%，该因子包括农民对休闲活动的开展与参与的满意度、对休闲设施与场所的满意度和使用的便利度的判断这 3 个指标。数据表明，农村休闲娱乐活动的开展以及农民群体的积极参与，休闲设施的建设及使用，能够丰富农民的精神生活，从而对其主观生活质量产生重要而直接的影响。在积极开展社会主义新农村建设、向全面建成小康社会的宏伟目标迈进的时代背景下，农村整体生活条件得到不断改善、农民客观生活质量得到提高，当今的农民开始日益重视闲暇生活的重要

[1] 贺雪峰、仝志辉:《论村庄社会关联——兼论村庄秩序的社会基础》,《中国社会科学》2002 年第 3 期。

性。在湖北农村，农民每年的农闲时间较长，但其可以选择的休闲方式相比城市居民要少的多，仍然以“看电视”“听广播”“闲聊”等传统休闲方式为主，农民的休闲娱乐需求难以得到满足[1]，“怎么玩”成了一个问题。这就要求积极完善农村公共文化服务体系，建设休闲娱乐场所及设施，开展积极向上的文化活动，丰富农民的精神文化生活。因子分析表明，农民群体的休闲满意度对其主观生活质量影响显著，这种影响甚至强于医疗、经济状况和公共服务方面的满意度对主观生活质量的影响。这一结论暗示我们，休闲活动在提升农民群众主观生活质量方面的作用或许被低估了。一直以来，政府与社会各界在讨论和尝试解决“三农”问题的时候，往往将注意力聚焦在农民物质生活条件的改善和各种资源的供给方面，对于扶贫、收入增长十分重视，强调农民“看病难”“上学难”“增收难”，却对休闲生活关注不足。好在这种对于农民休闲的忽视随着时代的进步正在被改变，文化部于 2014 年 12 月发布通知，鼓励农村地区上网服务营业场所参与农村公共文化服务体系建设，适当降低网吧经营准入门槛，拓展公共文化服务范围。[2] 这就为满足农民群体的闲暇生活需求、提高农村公共文化服务水平、完善农村公共文化服务体系提供了有利条件。随着农民对休闲的需求得到满足，其主观生活质量可望得到提高。

第三项因子为医疗因子，其方差贡献率为 9.523%，该因子包括医务人员医疗技术满意度、医疗设备满意度和医务人员服务态度满意度 3 个指标。医疗卫生服务是农村公共服务中的重要组成部分，数据表明农民对医务人员的医技、服务态度以及医疗设备的满意度对其主观生活质量有显著的影响。众所周知，医务人员的职业素养和职业道德、医疗设备和药品的完备，往往直接影响到治疗的效果，影响到病人的健康乃至生命安危。农村在医疗卫生方面相对于城市较为落后的软硬件条件和人才缺乏使得“看病难”成为农民客观生活质量，进而成为农民主观生活质量提高的阻碍因素，对农民幸福感的提升产生负面影响。从调查中我们发现，当地农民看病治病的首选地点为乡

[1] 蔡玲：《农民闲暇生活研究——基于湖北五县农村的实证调查》，华中农业大学硕士论文，2008 年，第 37 页。

[2] 《文化部鼓励农村网吧参与公共文化服务建设》，中国网财经中心，http://finance.china.com.cn/roll/ 20141212/2845732.shtml。

镇医院（46.7%），其次是卫生所（27.7%），这两类医疗场所是农民看病治病的主要去处，也是当地医疗服务的主要力量。相比之下，去县市级医院及私人诊所看病的农民所占比例则小得多，仅为9.8%和4.3%，还有11.4%的人生病时不去医院或诊所看病，而是选择自己去药店买药吃甚至不治疗。因此，医疗因子及其包含的3个指标所反映的主要是农民对于乡镇医院和卫生所的医务人员和医疗设备的满意度。对医疗因子中3个指标的旋转后因子荷载进行比较，发现与医疗设备状况、服务态度相比，农民对医疗技术的满意度对其主观生活质量的作用更明显。医务人员的医技是影响治疗效果的核心要素，相比之下医疗设备和服务态度在治疗过程中则仅起辅助作用。同时，乡镇医院与卫生所的治疗条件、药品和设备的供给均比较有限，治疗效果也就更加依赖医生本人的技术。

第四项因子为经济因子，其方差贡献率为8.326%，该因子包括自我经济状况认知、自我经济地位认知、经济现状满意度、消费情况满意度4个指标。农民的经济收入和消费支出是其生活质量的物质基础，正因为经济收入在日常生活中占据着基础性地位，农民对自身的经济状况的认知和满意度也就会对其主观生活质量有一定的影响和作用。但经济因子的方差贡献率为8.326%，在5个因子中仅排第四位，低于安全因子、休闲因子和医疗因子的方差贡献率。也就是说农民对经济状况的认知和满意度对其整体主观生活质量的作用弱于安全、休闲及医疗方面的主观态度产生的作用，经济满意度的提高对农民幸福感和主观生活质量的影响不如上述三个方面显著。这说明农民在经济收入方面主观感受的提高对于提升农民整体幸福感的作用是有限的，其在安全、休闲、医疗等方面的满意度提升，更能促进其主观生活质量的改善。“拿起筷子吃肉，放下筷子骂娘”的说法，也为这一部分的数据所佐证。进一步比较经济因子包含的4个指标，发现自我经济状况认知、自我经济地位认知、经济现状满意度这3项指标的旋转后因子荷载均高于消费状况满意度的旋转后因子荷载，这表明农民对经济状况和收入的主观态度比农民对消费的满意度更能对其主观生活质量产生显著的影响。这种相对重视收入而轻视消费的态度一方面源于中国民众尤其是农民群体具有的勤俭节约、重视储蓄的心态；另一方面源于农村的物资供给和农民本身消费能力的有限性。当社会的经济发展水平和市场化程度没有达到一定水准时，当社会保障体系还不能给予民众足够的保障时，人们更重视收入和储蓄，同时相对轻视与自己的生活质量同样关系密切的支出和消费。

值得注意的是，农民的经济满意度对于主观生活质量的有限影响，部分地来自于农民群体对自身经济水平和经济地位的普遍低估。从对经济状况认知的具体分析中可知，农民对自身经济条件的看法普遍比较保守，倾向于低估自己的收入水平。仅有 2.2% 和 0.5% 的调查对象认为自己的经济状况比较宽裕或很宽裕；大多数调查对象认为自己赚的钱基本够用，这一比例为 63.4%；或认为自己的经济情况比较紧张，这一比例为 29%；另有 4.9% 的调查对象认为自己的经济状况非常紧张。这种对经济状况的保守看法在经济地位认知方面也有明显的体现，94.6% 的调查对象认为自己的经济地位在村里位于中层及以下，余下 5.4% 的调查对象认为自己的经济地位在村里算中上层，在调查对象中没有人认为自己的经济地位在村里位于上层。那么，这种对自身经济状况的保守认知在多大程度上受到实际收入水平的影响？将人均月收入与经济地位认知进行对比可知，不论位于何种收入层次，人们都倾向于保守地看待自己在村里的经济地位。即使在个人平均月收入达到 3000 元以上的人群中，也仅有 9.1% 的人认为自己的经济地位位于中上层，甚至有 9.1% 的月收入 3000 元以上的人判断自己在村里的位于经济地位的下层。在访谈中，就有不少从事个体经营、实际收入明显高于普通村民的“富人”向调查员强调自己的经济水平在村里处于下层，对自己的收入水平“不满意”。由于问卷和访谈提纲要求调查对象回答对于自身经济状况的主观态度，因此调查对象勾选的答案或口头回答可能会受到“不露富”“低调”等心态的影响而与本人的真实想法有差异，但这种影响也是有限的，数据总体上能够反映出农民群体对经济状况的主观态度。尽管调查对象大多倾向于低估自己的经济状况，但他们却也没有对此表现出强烈的不满情绪，更多地是持一种“知足”的态度。从农民对自身经济现状满意度的情况看，满意度为“一般”的人占总数的 43.2%，有 31.7% 的调查对象对自己的经济现状“比较满意”，还有 20.8% 的调查对象对自己的经济状况“不太满意”。而感到“很满意”或“很不满意”的调查对象极少，仅占 2.2%。

最后一项因子为服务因子，其方差贡献率为 6.827%，该因子包括公共服务状况满意度、自我健康状况满意度、自我受教育水平满意度、医药费报销比例满意度 4 个指标。农民的受教育水平满意度这一主观指标所对应的客观指标是农民的文化程度，而文化程度这一指标又主要是由农民的学历层次来决定的。此外，当农民谈到“受教育水平”的相关话题时，他们也认为受教育水平就是指自己的学历层次。因此不论是文化程度这一客观指标，还是受教育水平满意度这一主观指标，都在很大程度上受主要由政府提供的城乡基本公共教育服务体系的影响。医药费报销比例满意度这一指标中的“报销比例”指的是参加了新型农村合作医疗（简称“新农合”）的农民因病在定点医疗机构（包括各级医院、镇街道卫生院、村卫生所（室）等）诊治所产生的药费等相关费用的报销比例，该指标测量的即是农民对“新农合”报销比例的主观态度，故该指标实际上反映了农民对于“新农合”这一项重要的公共服务的主观态度。此外，公共服务状况满意度这一指标用于直接反映农民对公共服务的主观态度。综上可知，公共服务状况满意度、自我受教育水平满意度和医药费报销比例满意度都是反映农民对公共服务的主观态度的指标，故将涵盖这些指标的因子称为服务因子。数据表明，农民的公共服务满意度对其主观生活质量有所影响但影响有限，这种影响弱于安全因子、休闲因子、医疗因子和经济因子的影响。也就是说，农民在观察、考虑自己的主观生活质量及其中的各个要素时，并不会将公共服务看作一个特别值得关注的要点，他们的注意力不会聚焦在公共服务上，至少不会在其中投入比安全、休闲等生活领域更多的关注。这一点与政府和学界的态度不同，在政府和学界看来，以“新农保”“新农合”为代表的农村基本公共服务体系和社会保障体系不仅是农村工作的一项重要内容，也是解决“三农”问题的重要支点。同时，政府也十分重视基础公共服务的宣传推广工作，随着基础公共服务在农村的宣传和普及力度加大，其覆盖率也达到理想水平。这种政府和民众关注点的差异，并非由于农民认为公共服务和社会保障不重要或对其不满，而在于公共服务和社会保障虽然实现了“广覆盖”，却尚未达到“高水平”。在调查过程中，多数调查对象对基础公共服务的态度是“有这个当然很好、值得感谢，但对实际生活的影响并不大”。许多农民认为“新农保”下政府补助的养老金“仅够买米”；也有农民认为“新农合”助推药品涨价，农民本身并未受惠；还有农民对公共服务和社会保障在未来的效果与可持续性持观望态度。因此，即使农民群体对基础公共服务感到满意，也难以对其整体满意度和幸福感有显著的影响。

（原载于《山东社会科学》2015 年第 6 期，周长城，叶闽慎）

## 三、研究结论与讨论

上述研究表明，安全因子、休闲因子、医疗因子、经济因子和服务因子都对农民主观生活质量产生影响。从因子分析中，可以清楚地看出哪些因子对农民的整体主观生活质量产生更加显著的影响或作用：安全因子的影响最为显著，之后是休闲因子、医疗因子、经济因子，而服务因子的影响则相对最弱。这种影响的实际意义在于：农民在考虑、看待自己的主观生活质量时，会对影响力强的因素更为看重或关注。安全因子和休闲因子对农民主观生活质量和幸福感的提高有更为明显的作用，而服务因子和经济因子的作用就相对弱一些。在安全方面，安全因子包含的因素与现代化和工业化背景下的农村社会转型与变迁关系更为密切，对农民的主观生活质量和幸福感产生的冲击相对较大；在休闲方面，休闲因子的重要性在农民物质生活条件显著改善的今天凸显出来，农民群体对休闲生活的需求日益强烈；在医疗方面，农民主要就医场所为乡镇医院和村卫生所，对医务人员的医疗技术的重视程度大于对医疗设备和医务人员服务态度的重视程度；在经济方面，不仅农民的经济满意度增长落后于实际收入与生活条件的改善，而且经济满意度的增减对于主观生活质量的影响也比较有限。具体到经济因子包含到要素，农民更为重视经济收入，相对轻视消费支出；在服务方面，基础公共服务和社会保障尽管实现了“广覆盖”，但保障和服务水平仍处于较低水平，对实际生活的帮助也比较有限，尚不足以对农民主观生活质量产生充分的影响。研究结论与各级政府与村级自治组织在“三农”问题中的关注与投入的优先顺序有所差异，历来受到重视的农民增收和农村公共服务和社会保障问题对农民的主观生活质量影响相对较弱，而易受忽视的闲暇问题则有更为显著的影响，但这绝不意味着经济和公共服务问题的重要性会因此减弱，也不意味着农民不再关注自身的经济状况和社会服务、保障状况。这一结论启示我们，随着农民物质生活条件的整体改善和农村现代化水平的提高，“三农”问题的重点逐渐由“农民生存”向“农民生活”转变。农民群体对公共服务和社会保障的要求较以往更高了，已不再仅仅满足于“有保障”，而是要求“高水平”；他们对物质生活水平的态度也由传统的“老婆孩子热炕头”转变为“拿起筷子吃肉，放下筷子骂娘”；他们对于社会转型背景下出现的个人与公共安全问题感到不满，这种不满影响了其主观生活质量的提高；在较长的农闲时间和显著提高的物质生活条件的共同作用下，他们对休闲娱乐与文化生活有了更高的要求。这一系列的变化都要求我们在观察、分析和试图解决“三农”问题时，从农民的视角出发，关注农民需求的多元化与层次性，关注农民的社会生活在社会转型背景下发生的新变化，从而使“三农”改革措施更符合农民的实际需要，更能提高农民的满意度和幸福感。

# 第五章　城乡居民生活质量的历史回顾：以2002年为例

本书前两章的调查研究，一方面借助官方统计数据，从宏观的角度对湖北省农民生活的整体状况进行综合阐述；另一方面以具体的村庄为例，从微观的角度对当地农民的客观生活水平和对生活的主观满意度进行细致的统计分析。从宏微观两方面出发，以量化的手段阐述农民在各个具体生活领域的生活质量，这有助于读者全面地、立体地了解湖北省农民的生活状况，了解农民日常生活所处的水平。上文在明确湖北省在农民生活质量方面的突出成就的同时，也揭示了其中存在的一些需要改进的内容以及需要解决的问题。不可否认的是，农民的生活质量能达到以往所没有的水平，农民的物质生活与社会生活环境能发生翻天覆地的变化，既是当今时代生产力日益发展、社会日益进步、法制日益完善的新背景、新形势、新条件之下的必然结果，更是过去的历史成就不断累积、历史成就的影响不断显现的结果。回顾湖北省在农村与城镇居民生活质量方面的历史成就，既有助于洞悉湖北省农民生活质量的历史变迁，又为考察其对当今农民生活的持续作用和潜在影响提供了必要条件，还能为未来农民生活的进一步改善提供指引、借鉴与启示。本章以十年为期，回顾总结2002年湖北省在城乡居民生活质量方面取得的成就，并回顾湖北省为提高城乡居民生活质量而出台或贯彻实施的一系列社会公共政策，为本书增添“历史”这一重要的分析维度。本章对2002年湖北省城乡居民生活质量的成就及公共政策的回顾包含经济收入、消费支出、社会保障、文化教育、体卫健康、人居环境六个方面，鉴于当时及更早的相关统计资料对于社会保障、文教体卫等方面的数据较少按城乡进行分别统计，且城镇居民生活质量在上述方面的成就较农村更为突出，故本章对经济收入和消费支出方面的成就以城乡为界分别进行论述，而对文教体卫等方面的成就则以湖北省为整体进行阐述。

2002 年是我国“十五”计划的关键时期，也是我国加入 WTO 后一个新的发展时期的开端。根据国家统计局当时提出的全国人民生活小康水平的标准，用综合评分方法进行测算，2000 年我国的小康实现程度为 96%;2001 年，人民生活水平总体上达到小康；在全球经济低迷的氛围中，2002 年我国经济持续较快增长，全年国内生产总值跃上 10 万亿元新台阶，达到 102398 亿元，比 2001 年增长 8%。湖北省政府认真贯彻落实党的十五届五中、六中全会精神，团结拼搏，开拓进取，努力克服国际经济环境发生重大变化、国内需求不足等不利因素的影响，使 2002 年湖北省经济保持良好发展势头，全年 GDP 达 5000 亿元，同比增长 9.1%，位居全国各省市总 GDP 排名第 8 位；全社会固定资产投资增长强劲，当年 1 ～ 8 月份累计完成固定资产投资 639.61 亿元，同比增长 18.4%，全年增速达到 13% 以上。与此同时，湖北省政府着力于改善人民生活环境，提高人民生活质量，促进社会全面健康的发展，在经济进步的同时，其他各项社会事业也都取得了新成就。

## 第一节 2002年湖北城乡居民生活质量的状况分析

### 一、收入水平显著提高

人民生活水平的提高与生活质量的改善，离不开丰富的物质保障，离不开人民可支配收入的增加。2002 年农村与城市居民收入的增长有其不同的特点。

#### （一）农村居民经济状况有所改善

1. 农村整体经济水平提高

2002 年湖北省农民人均总收入为 3239.81 元，比 2001 年增加 115.71 元，增长 3.7%；扣除各项费用之后，农民人均纯收入为 2444.06 元，比 2001 年增加 91.90 元，增长 3.9%；纯收入的增幅比 2001 年上升 0.2 个百分点。3300 个农户抽样调查结果显示，2002 年湖北省农民收入的增长主要有三个因素：

其一，非农收入是农民增收的重要支柱。非农收入是指农民家庭经营产业收入之外的所有收入，主要包括工资收入，家庭经营第二、第三产业收入，转移性收入和财产性收入等。农业收入一直在湖北省农民收入中占有重要地位，但农村经济发展进入新阶段后，非农收入的持续增长已成为近年来支撑农民收入增长的重要支柱。2002 年，湖北省农民家庭人均非农收入达到 987.83 元，比 2001 年增长 6.9%。非农收入占农民人均纯收入的比例达 40.4%，比 2001 年的 39.3% 提高 1.1 个百分点。其中，外出打工收入人均达到 384.63 元，比 2001 年增加 63.55 元，占全年农民人均纯收入增长额的 68.7%，成为农民收入增长的重要支柱。

其二，畜牧水产业是大农业增收的有生力量。2002 年畜牧水产业作为湖北省农村产业结构调整的重头戏，继续得到稳步发展。农民人均从畜牧水产业得到的总收入达到 628.48 元，扣除相应费用后，人均畜牧水产业纯收入达到 419.91 元，比 2001 年增加 21.09 元，增长 5.3%。畜牧水产业收入的增长对弥补自然灾害所带来的种植业收入的损失起到了至关重要的作用。由于自然灾害的影响，2002 年湖北省农民人均从种植业中得到的纯收入比 2001 年减少 16.53 元，下降 1.4%，增减相抵后，农民人均从第一产业得到的纯收入不仅没有下降，反而比 2001 年增加 4.56 元。

其三，税费改革给农民带来实惠。2002 年，被誉为农村第三次重大改革的农村税费改革在湖北省农村全面推行。由于省委、省政府指导思想明确，措施得力，因此推行起来也深得广大农民的支持和拥护。截至 2002 年 11 月底（农户记账年度），湖北省农村税费改革得到了农民的认同，收到了显著效果，给农民带来了实惠。调查资料表明，2002 年湖北省农民人均税费支出为 113.73 元，比 2001 年减少 26.44 元，下降 18.9%。其中除税收的硬约束导致农民人均上缴税收支出比 2001 年增加 6.66 元，增长 13.2% 之外，“三提五统”和其他收费均呈明显下降趋势。其中“三提五统”人均为 48.11 元，比 2001 年减少 28.75 元，下降 37.4%；其他收费人均 8.61 元，减少 4.35 元，下降 33%。2002 年的税费改革实际为农民减负增收 26.44 元，占农民人均纯收入增加额的 28.8%。[1]

2. 扶贫开发工作积极推进

作为当时全国扶贫攻坚的主战场之一，湖北省明确认识到：没有贫困地区的快速发展，就没有全省的协调发展；没有贫困地区的小康，就没有全省的小康；没有贫困地区的现代化，就没有湖北的现代化，也就谈不上社会的健康发展，谈不上人民生活质量的提高。

湖北省通过各级每年 4500 多个单位办扶贫点，在一线驻点干部 20 万人，年投入和引进资金 2.5 亿元以上，实施参与式扶贫战略。在一系列措施的共同作用下，湖北省绝大多数农村贫困人口温饱问题已基本解决，贫困地区通路、通电率分别达到 94%、98%。省政府还投入 3.72 亿元实施"农村饮水解困工程"，使全省 132.45 万的农民解决了饮水困难。[2]

随着扶贫开发工作的积极推进，脱贫工作取得显著的进展，投资、消费需求扩大。2001—2002 年间，湖北省解决了近 50 万特困人口的温饱问题，部分贫困人口的温饱水平得到了巩固和提高。各地加强领导，认真落实扶贫工作责任制；坚持一切从实际出发，科学制定扶贫规划；因地制宜，突出重点，走各具特色的扶贫开发路子；在加强检查督办，狠抓资金项目落实等方面，创造了一些好的做法和经验。

### （二）城镇居民收入增加

湖北省城镇居民收入持续增加，生活水平继续改善。2002 年，湖北省城镇居民人均可支配收入为 6789 元，比 2001 年增加了 933 元，按可比口径比 2001 年增长 11.0%，其中，来自工资性收入增长 21.9%，人均消费性支出为 5609 元，按可比口径比 2001 年增长 11.8%。

2002 年城镇居民可支配收入增长的基本原因有：（1）调资与加薪等政策因素。国家于 2001 年 4 月份和 10 月份两次大幅增加机关事业单位及离退休人员工资以及年底实行双薪制等政策具有翘尾作用，如上半年城镇居民人均养老金或离退休金增长了 47.7%。（2）城镇居民社会保障制度建设力度逐步加大及保障标准的提高，促进了居民收入增长。如省政府于当年年初出台了

[1]　湖北省统计局网站。

[2]《湖北日报》网站。

调整全省最低工资标准的通知，分档分别提高 50~140 元不等。（3）国民经济形势明显好转，企业效益有所改观，职工收入有所增长，推动了城镇居民增收。（4）在宏观经济形势好转的基本背景下，配合以政策性增资共同作用的结果。从根本上说，实现湖北省城镇居民收入较快增长的基本前提是湖北经济发展水平的提升和经济效益较以往有了根本好转。[1]

## 二、消费支出结构的调整与变化

2002 年，湖北省消费品市场稳定增长，消费品零售总额突破 2000 亿元，同比增长 11.3%。居民消费结构逐渐升级，消费观念明显由追求数量向讲求质量转变，同时消费也更理性了。信息消费比例逐渐增大，更重视休闲，房改后住房消费也成为社会消费的热点，人民生活质量进一步提高，这都是国家消费政策实施的结果。

### （一）农村居民消费结构及其特点

2002 年，湖北省农民人均生活消费支出为 1746 元，比 1997 年增长 5.2%，年均增幅为 1.0%。反映农民生活水平的恩格尔系数由 1997 年的 55.9% 下降到 2002 年的 50.0%，农民生活水平总体上已达到小康。

与此相对应，农民消费结构发生显著变化。1997—2002 年湖北省农民用于基本生活需求性消费的食品、衣着和家庭设备用品及服务支出占总消费支出的比重分别下降 5.9、1.5 和 1.1 个百分点，而用于提高性消费的居住、文教娱乐用品及服务、医疗保健等方面的支出所占比重均有所增加，尤其以交通通信和其他商品及服务的支出增长最快，二者所占份额都分别增加了一倍多。

消费结构不断升级，农民生活质量有明显改善。在食品消费上，尽管消费支出有所下降，但农民的食品消费结构日趋优化，主食消费比重逐渐下降，各种副食消费不断增加，膳食结构向营养、科学型发展，主要营养元素已基本满足需要。资料显示，2002 年湖北省农民人均在主食上的消费支出为 245.6 元，比 1997 年减少 22.2%，占食品消费的份额也由 1997 年的 34.0% 下降到 28.2%，下降了 5.8 个百分点；同期农民人均油脂类消费量却增长 6.5%、

[1] 中华人民共和国国家统计局网站。

肉禽及其制品消费量增长 22.7%、水产品消费量增长 26.9%、水果消费量增长 15.6%，它们的年均增幅分别为 1.3%、4.2%、4.9% 和 2.9%，农民对乳品类的消费量更是以每年 20.1% 的速度递增，成为食品消费中增长最快的一项。另外值得一提的是，随着农民外出打工机会的增多，在外饮食支出也呈现出大幅增长，2002 年湖北省农民人均在外饮食支出为 101.2 元，比 1997 年增长 68.7%，年均增速达 11.0%，占食品消费的份额也由 1997 年的 6.5% 上升到 11.6%，提高了 5.1 个百分点。在衣着消费上，农民的成衣消费大幅增加，2002 年湖北省农民人均购买棉布、化纤布服装分别比 1997 年增长 62.5% 和 38.9%，年均增幅分别达到 10.2% 和 6.8%。在居住方面，湖北省农民无论是居住质量还是居住条件都有明显改善。1997—2002 年，农民家庭人均住房面积由 28.0 平方米增加到 31.6 平方米，增长 12.7%，其中，钢筋混凝土结构住房面积由 7.0 平方米扩大到 12.7 平方米，增加了 81.2%。农村居民住房有卫生设施、空调或取暖设施的户数和用电、用自来水的户数比重均有所提高，家庭室内装饰装修也越来越受到重视。

此外，随着农村消费环境的逐步改善，特别是农村电网改造、电价下调以及耐用消费品价格的大幅下跌，刺激了农民对大件商品的消费。在 2002 年的农村，电视机、洗衣机、电冰箱、摩托车等新型家用电器和交通工具正在走进千家万户，成为新的消费热点，固定电话、移动电话、空调、电脑等也开始进入农民家庭。资料显示，2002 年湖北省农民家庭每百户拥有彩电 44.33 台、电冰箱 8.09 台、摩托车 20.88 辆、洗衣机 20.42 台，分别比 1997 年增长了 2.1 倍、1.6 倍、1.6 倍和 48.2%；每百户拥有电话 23.94 部、影碟机 16.42 台、组合音响 7.88 台、移动电话 7.64 部、家用电脑 1.42 台。[1]

### （二）城镇居民消费结构及其特点

2002 年湖北省城镇居民人均消费性支出增速与可支配收入增速同步，亦创近年来的新高，全年城镇居民人均消费性支出为 5609 元，按可比口径比 2001 年增长了 11.8%，增幅比 2001 年提高了 8.4 个百分点，城镇居民消费意识增强，消费行为活跃。据测算，2002 年湖北省城镇居民的消费倾向由 2001 年的 0.82 回升至 0.83。其消费热点主要集中在交通通信、医疗保健、文化娱

[1]　中华人民共和国国家统计局网站。

乐和旅游等方面。

1. 食品消费增加、结构升级，膳食更趋营养化、合理化

随着城镇居民收入的增加，生活水平也不断提高，居民家庭食品消费观念发生了明显变化，消费质量日益提高。2002 年，湖北省城镇居民人均食品消费支出为 2087.80 元，比 2001 年增长了 16.0%，比 2001 年提高了 14.8 个百分点。主要表现为：一是人均消费鲜乳品由 2001 年的 4.63 千克上升到 8.93 千克，增长了 92.9%；二是肉、禽、蛋、水产品类人均支出 555.96 元，增长了 16.2%；三是在外用餐大幅度上升，人均 431.68 元，增长了 8.1%，占食品支出的比重高达 20.7%；四是恩格尔系数降至 37.2%。

2. 交通、通信、医疗保健消费增势强劲，娱乐、文教消费平稳上升

2002 年湖北省城镇居民人均交通、通信消费支出 532.16 元，比 2001 年增长了 58.3%，增速继续保持在八大类消费之首。其中人均交通消费支出由 2001 年的 145.93 元上升到 216.37 元，增长了 48.3%。2002 年，摩托车的人均购买量比 2001 年增长了 1.1 倍，家用汽车开始进入大中城市居民家庭。随着通信网络的快速发展，人们对现代通信的要求越来越高，住宅电话的普及和手机拥有量的迅速增加，宽带网络的开通，都极大地丰富了居民的物质文化生活，上网已成为居民家庭通信消费的新内容。2002 年城镇居民家庭手机每百户拥有量由 2001 年的 21.32 部增至 52.54 部，增长了 1.5 倍，居民人均通信支出为 315.77 元，比 2001 年增加了 125.52 元，增长了 66.0%。

在城镇居民生活水平总体上基本实现小康并进入全面建设小康社会的新的发展阶段，伴随着医疗制度改革的不断深入，医疗保健消费逐渐成为居民消费的新亮点，2002 年湖北省人均医疗保健消费为 370.52 元，同比增长了 53.2%。

在我国加入 WTO 的第一年里，知识更新速度明显加快，城镇居民加大了对教育的投入。2002 年湖北省城镇居民人均娱乐、文教消费由 2001 年的 698.89 元升至 863.22 元，增长 23.5%。人均文教、娱乐类耐用品消费支出 199.30 元，增长了 77.5%，其中影碟机消费增长了 38.2%，家用电脑由 2001 年的每百户 11 台增至 21.21 台，增长了 92.8%，摄像机也大量进入寻常人家。与此同时，教育消费持续升温，人均教育消费支出由 2001 年的 480.43 元增至 521.88 元，增长了 8.6%。

#### 3. 家庭设备用品、拥有自主房产权的比例平稳增长，旅游仍是消费的亮点

尽管 2002 年城镇居民家庭主要耐用品拥有量已日趋饱和，但随着耐用品更新换代的速度不断加快、城镇居民收入水平的不断提高以及耐用品市场价格大战连绵不断，使得该项消费仍保持较高的增速。2002 年，人均耐用品消费支出为 217.16 元，比 2001 年增长了 17.9%。到 2002 年末，湖北省城镇居民家庭耐用品拥有量再上新台阶，空调器、照相机、微波炉、淋浴热水器、组合音响和彩色电视机每百户的拥有量分别由 2001 年的 43.96 台、37.32 架、16.62 台、52.32 台、26.17 台和 115.09 台增至 70.52 台、43.44 架、32.07 台、62.98 台、29.88 台和 126.08 台，增幅分别为 60.4%、16.4%、93.0%、20.4%、14.2% 和 9.5%。

2002 年，随着房改政策逐步落实和商品房销售的活跃，湖北省城镇居民拥有自主房产权的比例由 2001 年的 80.4% 上升到 83.1%。城镇居民人均购建房支出同比增长了 37.5%。

随着城镇居民收入增加和物质文化生活的日益丰富，以及城市的基础设施建设日趋完善，高速公路不断延伸，铁路客运不断提速，航空线路不断增多，给居民外出旅游带来极大的便利，旅游仍然是 2002 年湖北省城镇居民的消费热点。全年城镇居民人均旅游支出为 88.58 元，比 2001 年增加 19.67 元，增长 28.5%。[1]

## 三、社会保障机制的建立与完善

社会保障对人民生活质量有稳定、恢复和发展、调节等功能。尤其在“下岗分流、减员增效”的时期，社会保障机制建设对社会的稳定、健康发展，人民生活质量的提高有特别重要的意义。

湖北省实施了国企下岗职工基本生活保障制度、失业保险制度、城镇居民最低生活保障制度三条社会保障线等政策措施，加强社会保障体系。两个“确保”得以巩固，“三条保障线”衔接紧密，累计使用基本生活保障资金 65.18 亿元，进入再就业服务中心的下岗职工基本按时足额领到了基本生活费；为 141.1 万企业离退休人员发放基本养老金 294.7 亿元，按时足额发放率达

[1]　中华人民共和国国家统计局网站。

99.99%。再就业工作成效明显，一个在变革中建构起的，以养老、失业、医疗、工伤、生育和城市居民最低生活保障为重点的我省社会保障体系框架已具雏形。

## （一）大力推进再就业工程

推进再就业工程，积极促进城市居民家庭保收增收，是保障居民生活的根本途径。

2001—2002 年，湖北省国有中小企业改制面达到 85% 以上。湖北省委、省政府大力实施再就业工程，以公共职业介绍机构为主体、民办职业介绍机构为补充，中心城市为龙头，贯通省、市、县、乡的四级劳动力市场服务体系大力促进就业，2001 年已经实现介绍就业 72 万人，13.88 万名国企下岗职工通过再就业工程实现了再就业。湖北省新进下岗职工再就业服务中心的下岗职工人数达 15.32 万，出中心 18.38 万人，初步实现出大于进。

至 2002 年 6 月份，就业、再就业培训 79.1 万人，安置城镇失业人员、下岗职工再就业 58.15 万人，劳动就业工作有所加强，共建再就业服务中心 7600 余个，三年协议期满出中心的 129.21 万名下岗职工中，112.53 万人实现了再就业，再就业率达到 87.09%。

社区服务业正日益成为湖北省下岗失业人员重要的就业渠道。到 2002 年上半年，湖北省社区服务从业人员已达 43.9 万人，其中下岗职工占 37%，达 16 万人之多。这也是湖北省创新问题解决思路的体现。

## （二）健全社会保险制度

企业养老保险、失业保险等的覆盖范围正逐步从国有企业、集体企业向外商投资企业、私营企业及个体工商户扩展。至 2002 年 6 月底，湖北省参加养老、失业、医疗、生育、工伤保险的人数分别达到 519.13 万人、420.8 万人、275.6 万人、182.1 万人、182.3 万人，社会保险覆盖面已达到 92%。2002 年 1—11 月，湖北省各保险公司实现保费 81.87 亿元，同比增长 38.63%。湖北省建立了社会保险基金监督举报系统，形成了基金监督机构网络。此外，湖北省政府克服重重困难，采取“一把手”负责制、目标管理制等各种有力措施，基本做到了两个“确保”：确保国有企业下岗职工的基本生活，2002 年全年累计使用基本生活保障资金 65.18 亿元；确保企业离退休人员养老金按时足额发放，为 141.1 万企业离退休人员发放基本养老金 294.7 亿元，按时足额发放率达 99.99%。[1]

### （三）完善最低生活保障制度

湖北省积极推进“应保尽保”工作。至 2001 年末，湖北省城镇已全部建立了最低生活保障制度。享受城市居民最低生活保障待遇的人数约 123 万人，民政部门年发放保障金近 7 亿元。据初步统计，2002 年湖北省县以上地方财政已纳入预算的低保资金达 3.19 亿元。截至 2002 年底，湖北省纳入低保的人数达 85 万，全年发放保障金 3.33 亿元，基本上做到了“应保尽保”。

社会福利事业也不断发展。2001 年底，湖北省各类社会福利院床位达 7.7 万张，收养 6.5 万人。2002 年全年销售社会福利彩票 3.28 亿元，接受社会捐赠 0.7 亿元。

经过多方努力，“两个确保”得以巩固，“三条保障线”衔接紧密，一个在变革中建构起来的，以养老、失业、医疗、工伤、生育和城市居民最低生活保障为重点的湖北省社会保障体系框架已具雏形，正向“应保必保，应救必救，应助必助”的目标迈进。武汉市建立了“以最低生活保障为主体，以临时救济为补充，以优惠政策相配套，以基层社区为依托”的社保体系，改善了贫困居民的生活，受到了国家民政部门的充分肯定，并被誉为“武汉模式”，在全国推广。[2]

## 四、文化教育事业欣欣向荣

文化教育事业是社会发展程度和文明程度最综合的反映，与人民生活质量紧密相连，受教育机会的平等也是社会公正的重要表现。2001—2002 年，湖北省的文化教育事业全面发展，为精神文明建设提供了更多的资源与更广阔的空间，这是现代社会人民生活富有时代特色的重要内容。

---

[1] 《湖北日报》网站。

[2] 《湖北日报》网站。

## （一）文化事业蓬勃发展

1. 建设文化设施

2001年年末，湖北省共有文化馆151个，公共图书馆103个，博物馆94个，艺术表演团体101个，电影放映管理机构82个。全年出版全国性和省级报纸4.99亿份，各类杂志近3亿册，图书近4亿册，共有档案馆148个，已开放各类档案169.42万卷（件）。

县级以上公共图书馆、少儿图书馆103所，遍布全省各地。其中有湖北作家文献中心、湖北桑蚕文献中心、湖北啤酒文献中心等12所特色图书馆。湖北省70%的图书馆配有电脑，30%的图书馆实现了基础业务计算机管理自动化，中等城市图书馆中有60%实行计算机管理。2002年年初，湖北省图书馆正式启动数字化、网络化建设工程，7月被确定为全国文化信息资源共享工程的5个省级分中心之一。

2002年，湖北省加大了文化基础设施建设的力度。投资2.33亿元扩建湖北省博物馆，这是新中国成立以来湖北省投资最多、规模最大的文化基础设施建设项目；从2002年起至2005年，将投资800万元建设“全省文化信息资源共享工程”，湖北省文化信息资源共享工程第一阶段持续至2002年底，将建设30个基层中心，并实现与湖北分中心的联网。[1]

2. 规范文化市场

湖北省已初步形成了包括娱乐市场、演出市场、音像市场、电影市场、书报刊市场、艺术品市场、文物市场、国际文化市场、文艺培训市场等在内的综合文化市场体系，成为湖北省市场经济体系的一个重要组成部分。截至2002年，湖北省共拥有立体声影院40多家，银幕121块，以及全国仅有的3家跨省35毫米影片交易中心之一。农村电影放映“2131工程”和“送科教电影下乡”活动积极推进，保证了农民每年可看上8~12场电影。据粗略统计，湖北省每天在各类娱乐场所活动的人数近百万人次。

湖北省还展开了促进文化市场规范化的“金风行动”，共检查音像制品经营单位3489家，查处违规经营音像门店626个，处罚违规经营人员125人，

---

[1] 《湖北日报》网站。

收缴违法音像制品 178.5 万盒。这是对文化市场的一次“大扫除”。[1]

## （二）教育事业稳步发展

湖北省教育事业稳步发展，高等教育改革逐步深化，九年义务教育工作进一步加强。

### 1. 高校扩招与职教发展

2002 年，湖北省高校招生录取人数比 2001 年有大幅度增长，全省高考报名人数 28.7 万人，实际录取 18.5 万人，比 2001 年增长 30%。其中，本科 9.2 万人，增长 12%；高职（专科）9.3 万人，增长 50%。招生录取的增量部分主要在高职（专科）院校，特别是办在市、州的高职院校和民办高校增长较多，有利于高职教育为地方建设服务。2002 年湖北省高等职业教育招生 7 万人，在校生 15.6 万人，分别占当年全省普通高校招生数和在校生数的 35% 和 28%。湖北省高等职业学校布局结构趋于合理，基本形成了每个市、州设置一所高等职业学校的格局。民办高等职业教育得到较大发展，市场配置高等职业教育资源的作用得到初步发挥。[2]

### 2. 教育扶贫与义务教育

教育扶贫被纳入湖北省政府工作的重点。从 2001 年起，湖北省贫困地区农村中小学试行“一费制”，受到农村学生和家长的拥护。2002 年试行“一费制”的范围确定为 2001 年重新核定的 25 个国家扶贫开发重点县和 4 个省级贫困县的县城以外的农村义务教育阶段学校。“一费制”的收费标准调整为小学每人每学期 80 元，初中每人每学期 150 元。2001 年湖北省普通初中在校生 299.78 万人，小学毕业生升入初中的升学率达 93.8%；小学在校生 628.05 万人，小学学龄儿童入学率达 99.5%，全年共扫除文盲 14 万人。到 2002 年，湖北省高等教育招生 33.81 万人，在校生 74.14 万人，招生人数与 1998 年相比增加 21.76 万人，在校生人数净增 47.5 万人。

湖北省教育助学贷款业务开展情况良好。截至 2001 年底，61 所高等学校中有 41 所开办了该项业务，共有 3.3 万名学生获得贷款，占申请贷款学生人数的 61%，占全省约 10 万名经济困难学生总人数的 33%；学生与经办银行

[1] 《湖北日报》网站。

[2] 《湖北省教育厅》网站。

共签订 2.2 亿元国家助学贷款合同，占全国总额的 9%，名列全国第三。2002 年 1 月至 3 月中旬，湖北省经办银行共审批发放国家助学贷款 6240 多笔，新增贷款余额近 2470 万元，并启动“西部开发助学工程”，80 名品学兼优、家庭贫困的大学新生获得了每人 2 万元的资助。[1]

## 五、体卫健康事业建设

居民健康事业包括体育健身事业建设与医疗卫生保障体系的完善。身体是居民提高生活质量的基础，为居民健身创造良好的公共条件并建立加快全省医疗体制改革，使措施真正落实到位，保障居民健康，是全省提高人民生活质量的重要保证。

### （一）体育事业发展

体育事业蓬勃发展，竞技体育取得新成绩。在近年国内外的各项比赛中，湖北省运动健儿共获得 49 枚金牌，31 枚银牌，34 枚铜牌。2001 年，湖北省运动员在世界大赛中获得 14 枚金牌，在亚洲大赛中获 4 枚金牌，在全国比赛中获冠军 35 个。成绩位居全国前列。

群众性体育活动十分活跃。湖北省体育局将室外健身场所建设纳入全民健身工程重点，每年从体育彩票公益金中拿出 500 万元用于修建健身路径等设施。目前湖北省许多广场、公园、社区都有了全民健身设施，为老百姓办了实事。2002 年湖北省共新建体育健身苑点达 190 个，大大缓解了广大人民群众的健身需求，真正体现了湖北省全民健身工程的“亲民、便民、利民”特色。[2]

### （二）医疗体制改革步伐加快

医疗体制改革是全国健康事业建设的重头戏。2001—2002 年，湖北省各级卫生部门结合本地实际，积极稳妥地推进城镇医药卫生体制改革，取得了初步成效。城乡预防、保健、医疗网络进一步健全，防病治病能力提高，卫生事业不断进步。2001 年末湖北省共有卫生机构 1.09 万个，卫生技术人员

---

[1] 《湖北日报》网站。

[2] 《湖北日报》网站。

23.41 万人，病床床位 14.62 万张。

1. 医疗机构分类管理轮廓初现

湖北省医疗机构分类管理工作实行了统一部署、统一进度、统一程序的“三统一”，实施了分类管理与治理整顿相结合、分类管理与区域卫生规划和卫生资源配置相结合、分类管理与卫生全行业管理相结合、分类管理与医疗机构准入和技术人员准入制度相结合的“四结合”。截至 2002 年，湖北省已初步完成非营利性与营利性医疗机构的登记、注册工作，据统计，湖北省城镇非营利性医疗机构已达 2912 家，营利性医疗机构 2234 家，卫生服务组织 2522 家。

2. 区域卫生规划和卫生工作全行业管理初见成效

武汉市、荆州市、仙桃市通过对辖区内几所医疗机构实行兼并、联合，建立区域卫生集团，对企业办的医疗机构进行分步剥离，取得较好效果。目前，湖北省暂停了对新设置的医疗卫生机构的审批，依法清理和整顿了一批社会医疗机构，坚决打击非法游医，医疗市场秩序有了明显好转。

3. 卫生监督和疾病预防体制改革稳步推进，社区卫生服务进展良好，医疗机构内部运行机制改革不断深化

县级以上医院进行病人选医生试点，实行了住院患者费用清单和门诊收费查询制度，并结合各地实际，进行了人事制度、职称评聘和后勤服务等方面的改革，促进了医药卫生体制改革的顺利推进。

4. 药品集中招标采购试点工作逐步铺开

截至 2002 年，湖北省已先后在 12 家直属医院进行了两次大规模的药品招标采购，黄石、荆州、荆门、宜昌等 6 个地级市也进行了药品招标采购试点，中标药品价格比原来药品价格平均下降逾两成，收效明显。

湖北省医疗机构药品“收支两条线”管理顺利启动。市、州二级以上医院药品收入占业务总收入的比例，已被控制在 58% 以下，较 2001 年有较大幅度下降。目前，有关部门正在制定有关医疗机构的财政补偿范围、项目和方式，以及医疗技术劳务和临床检查收费价格的调整等政策。

5. 新型医疗联合体成立

2002 年，全国首家新型医疗联合体——湖北医疗集团在湖北宜昌成立。该集团是由湖北省人民医院牵头，宜昌市中心医院、襄阳市中心医院等 16 家

三级甲等医院自愿联合组建的。这一医疗集团的成立，标志着覆盖湖北全省的医疗联合体的形成。该集团内部将建立“双向转诊”和“院际会诊”制度，并建立“绿色通道”，争取救治时间；依托省人民医院的教学优势，加强集团内部的继续教育，提高各成员医院医务人员的专业技术水平。[1]

## 六、社会人居环境的建设与改善

社会人居环境的改善是社会文明的窗口，是物质环境的改观，也是人文环境的建设。目前湖北省的社会人居环境建设成就主要集中体现为社区小社会建设与整个大社会安全环境的加强。

### （一）社区建设事业蓬勃发展

湖北省城乡基础设施建设力度加大，投资结构进一步优化，技术改造和房地产投资大幅增加，居民居住条件和生活环境得到改善。在社区建设方面，湖北省积极探索城市基层管理体制的新模式，先后在武汉、黄石等大中城市和集镇建立了11个社区建设实验区。经过一年多的探索，各实验区的社区建设取得了初步成效，积累了丰富的经验。

武汉市的文明社区创建有15年的发展史，至2002年文明社区比例已达到70%。2002年9月，该市获得首批“全国社区建设示范市”荣誉称号。武汉市委、市政府因势利导，使文明社区创建滚动发展，由“小盆景”走向“大花园”，社区品牌和建管模式丰富多彩。作为老城市和老工业基地，该市许多位于老城区和城乡结合部的传统社区，纷纷探索出适合自身特点的文明创建模式，让居民生活惬意。

江汉区是“全国社区建设示范区”。在这里，公安、市容、文化等9个政府职能部门“重心下移”，社区居委会自主管理得以强化。常青二垸社区的“门栋自治”、武汉关社区的“居民论坛”、长堤社区的“里弄广播”、永安社区的“义务消防”……该区由此形成“一社区一特色”的文明创建格局。

百步亭花园社区大胆探索，不设街道，由建设企业主导成立社区管理委员会，社区建设、管理、服务“三位一体”。在全市率先成立文明建设指导委

[1]《湖北日报》网站。

员会，倡导文明新风，形成祥和安宁、团结互助的社区氛围。该社区获得全国惟一的“中国人居环境范例奖”，被群众誉为“温馨家园”。

常青花园拿出社区管理和便民服务工作岗位，先后为待业、下岗居民提供了 1600 多个就业机会。社区服务中心全天候接待居民求助和投诉，两年来共接到 2000 多件次，解决率高达 95%。

市场经济催生的一批新兴小区改变了“重建设，轻管理”“只管房，不管人”的做法，管理、服务和育人同步发展。传统社区通过改造，也焕发出勃勃生机。建成了以社区再就业为特色的发展社区模式、以政企共建为特色的青山 121 社区模式、以企地共建为特色的武昌解放路社区模式等。[1]

### （二）社会治安工作成绩显著

湖北省加强社会治安综合治理，深入开展“严打”整治斗争，依法严厉打击各类严重刑事犯罪，坚持不懈地与邪教组织作斗争，维护了社会的治安稳定。反腐败斗争不断深入，领导干部廉洁自律，大案要案查处和源头治本工作力度进一步加大。

“2002 湖北禁毒风暴”。在历经 7 个月的禁毒严打整治专项行动中，湖北缴获海洛因、冰毒量居全国第五，破获各类毒品犯罪案件 3042 起，抓获毒品犯罪嫌疑人 2632 名，收戒吸毒者 1.9 万名，基本实现了社会上无失控吸毒人员。湖北省吸毒人员在千人以上的 9 个重点县、市、区，75 个毒品问题严重的乡、镇、街道因毒品引发的治安问题明显减少。

“荆楚 002 行动”。湖北省出动警力清查场所 41423 处，破获了一批刑事案件，抓获了一批犯罪嫌疑人，整改了一批治安隐患。各地警方行动期间，深入车站、码头、旅馆、集贸场所、金银加工点、剧毒物品重点地区、学校和企业周边地区，开展拉网式清查，收缴了一批枪支弹药、爆炸物品以及“毒鼠强”等禁用剧毒物品。据了解，各级公安机关充分运用高科技手段，行动更具实效。例如，十堰市公安局通过技术分析，认定盗窃案件 22 起，后经审查成功破获系列盗窃案 124 起，价值 30 余万元；襄阳市公安局通过网上比对，定向出击，一举抓获厅督“7·23”抢劫杀人逃犯陆某，等等。

---

[1] 《湖北日报》网站。

## 第二节　提高城乡居民生活质量的政策含义

2002 年，湖北省在居民生活质量建设方面取得如此巨大的成就，与湖北省合理、科学制定，及时贯彻实施各项社会公共政策是分不开的。在过去一年里，湖北省出台或贯彻实施的社会公共政策主要有以下几个方面：

### 一、居民增收政策

#### （一）促进湖北省城镇居民收入增加的公共政策

国家于 2001 年 4 月份和 10 月份两次大幅增加机关事业单位及离退休人员工资以及年底实行双薪制等政策，直接导致湖北省居民在 2002 年上半年的收入大幅增长，这种现象在各县、市更为突出。

湖北省政府于 2002 年初出台了调整全省最低工资标准的通知，分档分别提高 50~140 元不等；武汉市自 2001 年 12 月起提高最低生活保障标准 15 元。城镇居民社会保障制度建设力度的逐步加大及保障标准的提高，促进了居民收入的增长。

湖北省根据国家劳动和社会保障部的要求，于 2001 年底开展以清欠职工工资为主要内容的专项监察行动。检查范围涉及各类用人单位，重点检查建筑施工、餐饮娱乐、服装制作等行业及私营企业和个体工商户的用工工资支付情况，重中之重是使用农民工工资支付情况。

#### （二）促使湖北省农村居民收入增加的政策

湖北省政府坚持以绿色食品加工龙头企业和农民投入为主体，发展绿色食品工业，为农业增收和农民增收开拓了新路子。

2002 年 11 月，湖北省召开农村税费改革试点工作电视电话会议，提出全省上下要进一步明确政策、严肃纪律，做好当年农民负担结算和清退工作，确保实现减轻农民负担的目标。

### （三）湖北省的扶贫工作对改善农村居民整体生活水平是有力支持

2001 年 10 月 1 日正式实施《湖北省扶持老区建设条例》，规范了扶持老区建设的行为，促进了老区经济和社会发展。

湖北省制定新的扶贫攻坚计划。通过组织大专院校、科研单位开展科技扶贫，引导和扶持贫困地区构筑一村一品、一乡一业、一县一特色的支柱产业梯级结构，实施产业化扶贫战略。加入 WTO、西部大开发无疑将使扶贫这项“德政工程”焕发新的活力，湖北省以秦巴山、大别山、武陵山区和水库淹没区为重点，按照“集中连片、统筹兼顾、实事求是、有贫必扶”的原则，推动新阶段扶贫开发向纵深发展。

湖北省开展“科技三下乡”活动，加强扶贫点工作，明确扶贫目标，提出扶贫时间表，使全省的扶贫工作颇有成效。

武汉市劳动和社会保障局开展年末拖欠工资大检查活动，保障农村打工者的利益，保障农民工的现金收入。并建立欠薪保障制度，使农民工的利益保障制度化。

## 二、消费公共政策

2002 年湖北省消费政策在引导消费观念、保障消费者权益方面有重大影响。

（1）2002 年 4 月，湖北省政府发文要求各级政府和有关部门积极研究开发和推广绿色食品生产新技术；培育和建设绿色食品市场，开展绿色营销，带动绿色食品产业的发展；建立多元化的投入机制，以财政投入和信贷投入为导向，广泛吸引国内外资金投入绿色食品开发，加快形成多形式、多层次、多渠道的绿色食品开发投资机制等。

（2）2002 年 11 月全省绿色食品开发项目正式启动。湖北省制定新的《湖北省实施〈中华人民共和国产品质量法〉办法》取代原来的《湖北省产品质量监督管理条例》。新办法对消费者关心的很多问题做了明确规定，其中包括：质量标准，商家说了不算；顾客不满意产品质量，商家必须解答；假一罚五，有法可依等。

湖北省各级政府和有关部门全力推动信贷消费业务的拓展，对消费产生了积极的推动作用，信贷消费取得明显成效。

## 三、社会保障政策

2002年湖北省的社会保障公共政策主要体现在落实保险、加强低保工作、促进再就业等方面，主要保障社会弱势群体的基本生活与权益。

（1）2002年初，湖北省出台流动人才社保“对接”办法，以解决人才流动后出现的新问题，包括养老保险、医疗保险、失业保险等。

（2）2002年7月，湖北省《城市居民最低生活保障实施办法》颁布实施。

（3）2002年10月，《湖北省失业保险实施办法》开始实施。按照规定，必须是社会团体及其专职人员、民办非企业单位及其职工、有雇工的城镇个体工商户及其雇工、国家机关和与之建立劳动合同关系的工人才能参加失业保险，从而进一步完善了社会保险的管理机制，确保有资格的失业人员受益。针对全省71万养老保险参保者没有按规定缴纳保险费的情况，湖北省劳动和社会保障厅提出，要在年底前，采取措施“找回”80%的“断保户”，使其继续参加养老保险。

（4）2002年10月，民政部对我国低保收入核实政策做出调整：对连续6个月以上没有领到或者没能足额领到工资、下岗职工基本生活费、失业保险金、养老金的人员，在其申请低保时，将不再按照过去有关规定计算其“应得收入”，一律按“实际收入”计算。

2002年11月，湖北省城市低保政策有新变化。全省审核低保对象收入时以实际收入为计算依据，一方面，争取“应保尽保”，扩大低保范围；另一方面，加强低保居民资格审核，一旦发现低保对象已脱贫，立即取消其低保资格。

（5）加大对低保户的扶持。如武汉市的贫困家庭凭普通低保资金领取证，不仅可以领取到每人每月210元的最低生活保障金，还可以享受到政府为他们提供的减免学杂费、减免医疗费等一系列的优惠政策。武汉市政府规定，减免贫困家庭子弟九年义务教育阶段50%的学杂费；贫困家庭居住公有住房减免50%的租金；对每户贫困居民实行每月5元的供水补贴；贫困居民就诊时免交挂号费、住院床位费减免 50%、大型检测费减免 20%。2002 年 11 月，武汉市又启动了旨在改善贫困居民居住条件的“廉租房”工程。

（6）自 2002 年 12 月 15 日起，湖北省按国务院办公厅通知要求，规定下岗失业人员凭再就业优惠证申办从事个体经营，除国家限制的行业（包括建筑业、娱乐业以及广告业、桑拿、按摩、网吧、氧吧等）外，自批准发照之日起，三年内免交多种费用。

## 四、文化教育政策

2002 年湖北省出台的文化教育政策是全省文教事业蓬勃发展的重要保障，其中广泛涉及文化设施管理、基础教育改革、高校毕业生就业、高职教育等。

（1）根据湖北省教育厅制定的《关于我省基础教育课程改革实验与推广工作的通知》，湖北省于 2002 年秋确立基础教育课程改革实验区。这次基础教育新课程改革是一项意义重大、影响深远、任务复杂艰巨的系统工程，是一场由课程改革所牵动的整个基础教育的全面改革。

（2）2002 年 12 月，国务院办公厅转发国家教育部等四部委《关于进一步深化普通高等学校毕业生就业制度改革有关问题的意见》，规定：在毕业离校前仍未落实就业单位的应届毕业生，可以延长择业期（不包括打算考研和自费出国留学的毕业生），从当年 7 月 1 日起，可延期两年。此规定延长了择业期，益于毕业生就业。

2002 年，湖北省文化教育政策出台的最大特点是主抓职业教育。

（1）湖北省在全国职业教育工作会后提出了《推进职业教育改革与发展的意见》。主要内容是要把职业教育的发展摆在教育工作的重要位置，促进职业教育与普通教育的协调发展；优化学校布局，加强骨干示范学校建设；坚持以职业资格标准为导向，深化教学改革；加强职业教育师资队伍建设，努力提高教师队伍素质等。该意见为提高湖北省职业教育水平，推动职业教育发展提供了政策保证。

（2）2002 年 11 月召开的湖北省职业教育工作会议决定，开展本科层次高职教育试点工作，大力推进职教发展。全省普通高校本科将有 5% 的招生计划面向中职毕业生。湖北省还将在职业学校全面实施职业资格证书制度，还将设置公办高等职业学校 7 所，对民办的高等职业学校采取“成熟一所，审批一所”的政策。

## 五、公共卫生政策

公共卫生政策主要指保障居民身体健康，促进居民健康生活的社会公共政策，湖北省的公共卫生工作主要以全民健身政策以及医疗卫生事业建设政策等为导向。

（1）为了加强全民健身活动，湖北省针对“十五”计划目标，将室外健身设施建设的重点从普及转向提高档次，从要求全省县、区都要配备一套室外健身设施转向有一定规模地集中投放。

（2）从 2002 年 3 月 1 日起，湖北省正式实施《湖北省发展中医条例》，包括设立发展中医专项资金，对中医药医疗、教育、科研、生产的重点项目进行扶持；把公立中医医疗机构的建设和发展纳入相应规划，统筹安排其基本建设用地；省、市、县、乡设立中医机构或者配备相应的医疗人员，并将符合条件的中医医疗机构列为基本医疗保险定点单位，将中医事业的发展纳入了法制化的轨道，有力地保障和促进了湖北中医事业的发展。

（3）2002 年，湖北省贯彻我国《药品管理法》和《药品管理法实施条例》，对药品检验机构实行“准入”制。

同年，湖北省政府转发了《关于城镇医药卫生体制改革实施意见》，城镇医药卫生体制改革全面启动。改革的总体目标是：力争用 2 ～ 3 年的时间，初步建立起与城镇职工基本医疗保险制度和医疗服务需求相适应的城镇医药卫生体制和卫生服务体系，用比较低廉的费用提供比较优质的服务，努力满足广大人民群众的基本医疗服务需要，促进湖北省医药卫生事业健康发展，提高人民健康水平。

湖北省卫生厅还出台了《湖北省医疗机构行为规范》，要求各医院加强医德医风建设，规范医疗行为。

## 六、人居环境建设政策

2002 年湖北省支持、促进社区建设的政策与活动主要有：

（1）湖北省社区建设工作会议在武汉召开，制定了湖北省全面推进城市社区建设的目标，即：自 2002 年至 2005 年，改革城市基层管理体制，加强社区管理，理顺社区关系，完善社区功能，建设与市场经济体制相适应的社区管理体制和运行机制。经过五年的努力，基本形成管理有序、服务完善、环境优美、治安良好、生活便利、人际关系和谐的新型现代化社区。

（2）2002 年 6 月，武汉市制订“社区建设 883 行动计划”，计划决定用三年时间，对中心城区的 883 个社区的市政、管理、服务基础设施分类进行建设改造，对社区环境进行综合整治，重点推进“四进社区”活动（社会保障进社区、城市管理进社区、社会治安进社区和社会服务进社区）。此外，市民政和体育部门每年从彩票公益金中拿出一些资金，用于社区老年服务和群众体育设施的建设。

（3）2002 年 12 月，湖北省人大批准了新武汉市城市绿化条例，划出了居住区绿化新“框框”。新条例将武汉市城区居住区划分为建筑密度一区、建筑密度二区、建筑密度三区，并对各级居住区的绿化用地规定了比例，例如在一区内不低于 25%，其中公共绿地人均不少于 0.5 平方米等。新条例还鼓励单位和居民利用墙体、阳台、楼顶平台发展立体绿化。

湖北省在加强社会治安方面主要的活动与政策是：

2001—2002 年，湖北省委、省政府先后制定下发了《关于执行社会治安综合治理一票否决权制的规定》和《关于进一步加强社会治安综合治理的意见》，要求各级党政领导必须从实践“三个代表”的高度，充分认识新时期加强社会治安综合治理的极端重要性，进一步增强维护社会稳定和保一方平安的政治责任感，狠抓社会治安综合治理各项措施的落实，努力为改革、发展和人民群众安居乐业创造一个良好的社会环境。[1]

（原载武汉大学发展研究院组编：

《湖北发展研究报告 2003》，武汉大学出版社 2003 年版）

[1]　关于政策选择部分的所有内容，可登陆湖北日报网站了解详细信息。

# 第六章　结论与讨论

基于对湖北省农民生活开展的多角度的实证调查、统计描述与定量分析，本调查较为清晰地展示了湖北省农民的生活现状，评估了其主客观生活质量水平。据此我们发现了生活质量层面存在的一些问题，包括农民经济收入依然较低，城乡间及农村内部贫富差距扩大；农民消费结构仍需进一步优化；社会保障广覆盖与低水平并存；社会治安与交通安全问题严峻；生态环境质量尚需改善等等。针对上述问题我们提出了一系列对策建议，包括扩展农民增收渠道、加强农村基础设施建设和公共服务、综合整治农村的公共安全、增加农村文化娱乐设施建设以及营造良好的生态环境等。

## 第一节　结论

本调查的调查对象为湖北省农民群体，调查内容主要围绕物质福利、消费、教育、闲暇、环境、健康、社会保障和公共安全八大指标，将客观生活质量指标和主观生活质量指标结合起来。一方面收集反映湖北省农民生活质量的各项数据并进行系统的分析，另一方面试图了解农民对于自身生活现状的满意度。本书一方面从宏观的视角出发，借助国家统计局及湖北省统计局发布的官方统计数据，选取湖北农民的经济社会生活中较为重要的生活领域进行综合阐述，并将其与全国农民生活质量进行系统比较；另一方面以具体的村庄为例，从微观的角度对农民的客观生活水平和主观满意度进行实地调查和统计分析。同时以2002年的湖北省城乡居民生活为例，从历史的角度对提高城乡居民生活质量的历史成就进行回顾，以期对目前和未来的湖北省农民生活的改善与相关政策制定提供指引、借鉴与启示。以下是调查得出的结论：

本调查将农民家庭的人均纯收入视为衡量其物质福利水平的重要指标。从纵向角度来看，2002年湖北省农民人均收入为3239.81元，比2001年增加115.71元。扣除各项费用后，农民人均纯收入为2444.06元，到了2013年人均纯收入达到8867元，十年间增长了2倍。而从M镇的调查数据来看，农民家庭的平均年收入已经突破了万元，这表明了农民收入在不断提高。但通过横向比较可知，湖北农民收入总体上仍略低于全国的平均水平，但可喜的是这个差距在不断缩小。

除了物质福利之外，农民生活质量的第二个关键领域是消费，而衡量消费水平的一个主要指标是恩格尔系数。农民生活水平的恩格尔系数由1997年的55.9%下降到2002年的50.0%，农民生活水平总体上已达到小康。与此相对应，农民消费结构发生重大变化。1997—2002年湖北省农民用于基本生活需求性消费的食品、衣着和家庭设备用品及服务支出占总消费支出的比重分别下降5.9、1.5和1.1个百分点，而用于提高性消费的居住、文教娱乐用品及服务、医疗保健等方面的支出所占比重均有所增加，尤其以交通通信和其他商品及服务的支出增长最快，二者所占份额都增加了一倍多。从2002至2013年的十年的时间跨度看，湖北农民消费的恩格尔系数由2002年的50%下降到2013年的约30%，食品消费对农民消费支出的占比额度大幅减少，这也就为其他方面消费支出的增加提供了更大的空间。在各消费项目中，衣着消费支出和其他消费支出自2002年以来并没有显著的变化，基本保持稳定；但交通通信消费、文教娱乐和医疗保健消费均出现显著变化。其中文教娱乐消费支出比重显著降低，由2002年的13.34%下降到2013年的6.49%。与文教娱乐支出相反，交通通信支出比重和医疗保健消费支出比重则分别从2002年的5.67%和5.18%上升至2013年的9.65%和9.94%。从农民对消费的满意度来看，调查结果表明，无论是对消费的总体评价，还是对各项具体消费的评价，农民对其日常生活消费的评价比较高。农民普遍认为当前的消费既满足了自身的需要，也符合自己生活质量水平，他们对消费活动感到满意。

农民生活质量的第三个关键领域是社会保障，在此主要以“新农保”和“新农合”两个项目来衡量。在本次的调查中，农民的参保率达到了82.1%，高于2011年华中地区80.38%的参保率。养老金领取人数所占的比例为15.3%。在领取养老金的人数中，有95.5%的人表示养老金能够足额及时地发放，但是在这部分人中，仅有22.7%的人认为养老金能够满足养老需求，而77.3%的人认为养老金金额不足以满足养老需求。在农民对“新农保”制度的评价中，“满意”所占比重为35.4%，“一般”所占的比重为50.6%，“不满意”的比重为14.0%。对“新农合”的整体评价中，有45%的农民对这一制度表示满意，而对制度不满意的比重达到29.5%，还有25.5%的农民持“一般”的态度。

农民生活质量的第四个关键领域是健康与休闲活动。身体是一切活动的基础，只有拥有健康的身体才能够拥有更好的生活质量。对农民健康的调查显示：10.8%的农民对自己的身体健康状况非常满意，59.5%的农民对自己的身体健康比较满意，对自己的健康感到一般和不满意的只占到29.7%。由此可见，70%的农民对自身健康感到满意，农民整体对健康的满意度较高。休闲娱乐是人们在工作之余用于放松身心的活动，休闲对于人的健康和生活质量也有很大的影响，不可或缺。通过对农民休闲满意度的调查，我们发现农民的满意度处于一个比较低的水平。其对于休闲时间拥有量的满意度相对较高，表示满意或比较满意的超过40%；但对休闲设施和活动的满意度较低，仅有不到20%的人对农村休闲设施和活动感到满意。也就是说农民对于休闲娱乐的满意度并不高。综上，我们发现农村居民对自身的健康状况较为满意，而对于休闲娱乐却感到不满。

农民生活质量的第五个关键领域是环境，主要包括自然环境和社会环境，社会环境主要包含社会治安和执法力度等指标。在调查中发现，67.4%的农民认为自己的生活区域比较安全或很安全，还有30%左右的农民认为当前农村的社会治安一般或不太安全，这主要与近年农村盗窃案件增多且当前农村的社会治安服务并不完善有关。而且农村居民对公安机关案件处理的满意度并不高，只有41.3%的调查对象对于公安机关案件处理结果感到满意。除了社会环境之外，农民对自然生态环境的满意度也是我们关注的重点，这一方面的调查我们可以得出如下结论：一、绝大多数调查对象（80.1%）认为他们呼吸的空气没有问题，认为所在区域空气质量良好；二、大多数调查对象（74.6%）认为自身的居住环境中基本不存在噪音问题，噪音污染小；三、调查对象对所在区域生态环境现状较为满意，68.7% 的人感到比较满意或非常满意。农民对其周边的环境质量认可度较高。

农民生活质量的第六个关键领域是教育。如今社会流动日趋频繁，教育对社会流动的影响也日趋明显，对教育现状与满意度的调查对于农民目前及未来的生活有着重要的意义。由于长期以来我国教育资源的分布不均衡，造成了广大农村教育的硬件和软件基础与城市相比更为落后，这给农村居民的受教育程度和文化水平造成了一定的不利影响。本调查将农民对自身的受教育程度是否满意，作为评价教育的主观质量的重要指标。调查结果显示，对自己的受教育程度感到不满意的调查对象要远多于感到满意的调查对象，有 41.2% 的农民对受教育程度感到不太满意或非常不满意，对此感到非常满意或比较满意的比例仅为 25.4%。此外还有 33.3% 的村民对受教育程度的满意度为“一般”。在进一步分析中我们发现，对于自己的受教育程度不满意的农民中绝大多数都是中青年人，而老年人普遍对于自己的受教育程度感到满意。这也从侧面反映了中青年农民群体逐渐意识到了知识文化对于日后提高自己的工作和生活质量有巨大的作用，所以对文化知识的需求日益迫切。

## 第二节　讨论

### 一、农民生活质量中存在的问题与不足

随着社会的发展，人们对于生活的追求早已由单纯的改善物质生活转向提高综合的生活质量水平，提高人们生活的满意度也已成为一个政府工作努力、政策制定的重要维度。随着经济、社会的发展，湖北省农民的综合生活质量水平也有了显著的提高，但也存在一些不容忽视的问题，农民生活质量还有进一步提升的空间。

#### （一）农民经济收入显著增长但依然较低，贫富差距持续扩大

一定的经济收入是个人生存与发展的基础，也是维持与提高其生活质量的来源和前提条件。近十年来湖北省农民收入持续平稳增长，年人均纯收入

十年间增长了 2 倍，同时家庭年人均纯收入与全国平均水平之间的差距也在不断缩小，由 2005 年的 155.70 元缩小至 2013 年的 28.95 元，但湖北省农民家庭人均纯收入始终略低于全国平均水平。此外，不仅城乡之间存在明显的贫富差距，农村内部也存在一定的贫富差距，具体表现为外出务工人群的经济收入显著高于务农人群。这表明湖北农民特别是务农者的收入仍有上升的空间，如何进一步增加湖北省农民收入，缩小农村内部的贫富差距，在现阶段是一个重要的问题。值得注意的是，在农民经营的各行业中，建筑业与服务业的发展最为显著，农民经营的收入出现了显著的向建筑业与第三产业转向。

### （二）农民消费质量总体提升显著，但结构还有待优化

改革开放以来，湖北省农民的消费生活质量提高显著，这种提高首先表现在消费支出的数量上。湖北省农村人均消费支出总体上呈现出较强的上升趋势，在 2002 年至 2013 年约 11 年间增长了 2.5 倍。人均消费支出的快速增长是湖北省农民生活质量提高的直接反映，反映出十年来湖北省经济快速发展确实给农民带来了实际的利益。其次，消费层次也在不断地多样化，恩格尔系数（即食品支出总额占个人消费支出总额的比重）不断降低，耐用消费品的支出比重持续上升。值得注意的是，计算机的拥有量也表现出极大的增长，表明农民生活的信息化水平显著提高。在消费支出增长、消费层次多样化的同时，湖北省农民的消费结构中仍存在不足之处，其在文化娱乐等方面的支出和全国平均支出水平相比有一定差距，在总消费中所占比例也略低。总的来说，大多数农民在满足了基本的生存性消费的同时，能够将更多的资源用于获取高质量的消费品，增加自己在个人健康、居住环境和现代生活上的投资，但消费结构仍然需要进一步优化，特别是在休闲娱乐方面的消费有待增长。

### （三）社会保障广而不深

湖北省新型农村合作医疗制度和新型农村社会养老保险制度自实施以来，农村参保人数不断增加，覆盖率不断提高，许多地方已经实现了全覆盖。尽管新农合与新农保在湖北省农村覆盖面广、参与率高，但参保人员基数过大，地方与基层政府财力有限，给予的报销比例和保险金并不足以满足广大

农民的需求，保障程度较低。同时还存在报销难、报销比例低等问题，这些都成为参保人员对社会保障制度满意度不高的直接原因。可见，尽管已有长足发展，农村社会保障依旧是湖北省社会保障体系中较为薄弱的环节。

### （四）公共安全态势总体良好但仍存在不良因素

从调查搜集的情况来看，湖北农村的公共安全态势总体良好，无论是在生产安全、消防安全还是社会治安方面都比较稳定，但农村公共安全状况还存在不平衡性。当前农村社会治安存在的主要问题集中表现为有些农村地区涉黑、涉恶犯罪行为仍然突出，群体性事件凸显，地下六合彩、涉毒、涉赌等违法行为多发，邪教、非法宗教势力活动猖獗，留守人员治安问题日益严峻等。在交通安全方面，尽管摩托车、轿车等交通工具在农村日益普及，但是交通配套设施不够齐全，交通规则和文明行车习惯的普及力度也不够，因此交通事故相对往年不降反升。

### （五）生态环境质量仍需改善

生态环境即是人们的生存空间，环境质量的好坏直接影响到人们的身体健康以及对生活质量的内在感受。目前政府在农村生态环境保护方面有一定的投入，但和对城市的投入相比仍显不足，农村的垃圾回收、处理设施等环境保护硬件设施还是不够完善，相关制度仍不够规范。不少城市将垃圾处理场设置在了临近的农村，这也严重污染了农村的生态环境。此外农村居民的环保意识也有待进一步提高，乱扔生活垃圾，生活污水未经处理直接排放等现象在一些农村地区依然普遍存在。

## 二、对策建议

2015 年既是“十二五”规划的收官之年，也是“十三五”规划的编制之年。在这承上启下、继往开来的关键时期，应当进一步做到以人为本、讲求实效，具体到民生问题上就是要力求实现“两个缩小”的战略目标，即一方面争取缩小国内城乡居民在生活质量方面的差距，另一方面加快缩小我国与发达国家之间的民众生活差距[1]，该战略目标也与本次调查的结论相符合。据此，提出以下对策建议，以期提高农民的生活水平，改善农民的生活质量。

### （一）扩展农民增收渠道

应提升农民职业技能和创收能力，多渠道增加农民收入。鼓励农民优化种养结构，提高效益，完善农产品市场体系和价格形成机制，健全农村补贴等支持保护机制，增加农民生产经营收入。引导农产品加工业的产业布局，发展农村非农产业，壮大区域经济，促进农民转移就业，增加工资性收入。还需统筹城乡发展，推动城乡一体化进程，实践均衡发展理念。城市应发挥辐射作用带动周边农村发展，为农业现代化和农村经济发展、社会进步提供依靠和助力。可采用产业转移、产业合作、扶植乡镇企业等多种方式，带动农村经济发展和农民群体就地就业。

### （二）加强农村基础设施建设和公共服务

按照推进城乡经济社会发展一体化的要求，搞好社会主义新农村建设规划，加快改善农村生产生活条件。农村基础设施建设主要以水利为重点，大幅增加投入，完善建设和管护机制，继续推进农村电网改造，加强农村饮水安全工程、公路、沼气建设，继续改造农村危房，实施农村清洁工程，开展农村环境综合整治。提高农村义务教育质量和发展水平，在设施、师资等方面向农村倾斜，进一步缩小城乡基础教育差距，同时推进农村中等职业教育发展进程。加强农村三级医院卫生服务网络架设，改善农村医疗卫生条件。加大扶贫投入，加快解决集中连片特殊困难地区的贫困问题，有序开展移民扶贫，实现农村低保制度与扶贫开发政策有效衔接。同时对于新农合和新农保在财政允许的情况下加大投入，提高报销比例和养老金水平，增加农民参保的满意度。

### （三）综合整治农村的公共安全

公共安全是影响农民生活质量的一个不可忽视的因素，这一因素的重要

---

[1] 参见 http://finance.sina.com.cn/china/20150209/104521508055.shtml。

性在经济发展、社会进步的今天得以进一步凸显出来。对于农村公共安全问题的整治可从以下几个方面着手：第一，采用广大农村居民喜闻乐见的宣传形式，如张贴海报、采用电视、广播宣传、举办讲座等多种手段，加强生产安全、交通安全、消防安全、食品安全、社会治安等方面的宣传与引导；第二，由地方政府协调组织，村委会和村民小组共同合作，实行有效的分片管理，明确责任，构建农村公路交通、消防、生产、食品、治安等方面的综合治理监管机制；第三，通过多种渠道筹集资金，加强公共安全基础设施建设，对于财政力量较为薄弱的乡镇给予重点支持。

### （四）增加文化娱乐设施建设，丰富农民的闲暇生活

中部地区的务农者每年都会有一个较长的农闲期，这一地理气候因素决定了他们对休闲有较高的潜在需求。在调查中发现：由于人力物力财力投入有限，公共文化服务意识薄弱等原因，农村的公共文化娱乐设施一直得不到充分的建设。农民平日的休闲方式十分单一，多是在家看电视、与邻里街坊聊天或打牌下棋等传统休闲活动，农民希望改善农村社区文化娱乐设施的愿望十分迫切。针对以上问题和需求，应该增加地方财政对农村居民公共文化服务与休闲娱乐基础设施的投入，例如增修健身场馆、农家书屋、老年活动中心等，为人们提供更多的休闲娱乐场所，让农民在农闲及工作之余有更多的去处，从而放松身心，提高生活质量。在休闲场所的设施中，尽量做到设施齐全、器材充足、种类丰富、设备先进。还应建设良好的市场环境、文化环境与社会生活环境，刺激、鼓励农民进行休闲消费，以提高农民的闲暇生活质量。

### （五）加强引导，营造良好的生态环境

创造并保持良好的生态环境，需要多方共同努力，其中非常关键的一步是增强农村居民的环保意识。要不断加大环境保护知识的宣传力度，在农村中小学开展环境保护活动，使“环境保护，人人有责”的观念深入人心，使人们形成在日常生产生活中关注公共环境的态度，养成自觉保护周边环境的习惯。另外，也要加强环保设施和服务建设的投入，比如路边垃圾箱的设置，清洁人员队伍建设，垃圾集中规范化处理设施的投入等等。

## 附录1

# 湖北省城镇居民主客观生活质量的调查与分析

党的“十六大”明确提出了“使经济更加发展，民主更加健全，科教更加进步，文化更加繁荣，社会更加和谐，人民生活更加殷实”的全面建设小康社会的目标。中共湖北省委和省政府积极贯彻党中央的方针和政策，开创了经济、社会协调发展的新局面：国民经济持续、稳定增长，“九五”计划目标顺利实现；“十五”计划开局良好，改革开放取得重大进展。以家庭联产承包经营为基础、统分结合的农村双层经营体制进一步完善，农村税费改革工作取得初步成效；国有企业顺利实现了三年改革脱困目标；实施积极的就业政策，城镇居民最低生活保障制度加快建立。社会事业全面进步。全省财政对科技、教育的投入明显高于财政经常性增长；科技创新能力增强，五年共取得省部级以上重大科技成果3110项；精神文明建设和民主法制建设进一步加强，人民生活总体上达到小康水平；居民消费结构逐步改善，住房、教育、文化、健身、旅游等已成为居民消费的热点。[1]

社会发展的终极目标是提高人民的生活质量，世界各国现代化的历程都充分说明了这一论断的正确性。发达国家和地区的社会发展经验说明，当一国或一个地区的经济发展到一定阶段时，发展的重点将转移到提高人民的生活质量上来。2003 年，湖北省经济、社会得到了全面的发展，提高人民的生活质量已经成为湖北省今后发展的重中之重。生活质量分为主观和客观两个方面，对这两个方面详细而全面的考察不仅能够真实地反映人民生活质量的现实状况，而且还能对下一阶段湖北省提高人民生活质量起到积极的推动作用。鉴于此，本报告从主观和客观的角度对湖北省城镇居民的生活质量进行全面、科学的社会调查。

---

[1] 参见 http://www.gxi.gov.cn/feature/2003gszfgzbg/2003zfgzbg/2003224114940.htm。

## 第一节　研究方法简述

武汉大学生活质量研究与评价中心于 2003 年年末和 2004 年年初在湖北省进行了一项大规模、科学的社会调查。这次调查以湖北省城镇所有居民家庭作为研究总体，样本的选取采用多阶段随机抽样的方法进行，具体做法是：先从湖北省 36 个市按简单随机抽样的方法，抽出武汉市、黄石市、襄阳市、黄冈市、宜昌市、十堰市、荆门市、丹江口市、枣阳市 9 个城市；再从抽出的城市中按简单随机抽样的方法抽出 16 个区和县；然后在每个所抽的县中按系统抽样的方法随机抽出 30 户左右的居民家庭，按这种方法所抽到的总共 465 户居民家庭就构成了该项调查的样本。

调查资料的收集工作由武汉大学社会学系研究生和高年级本科生（作为调查员）完成。在每个抽中的家庭中，调查员根据方便的原则，选取一名 18 岁以上的成年居民作为问卷调查的对象，并根据其年龄、文化程度等情况分别进行自填式问卷调查或结构式访问调查。本次调查共发放问卷 465 份，实际收回问卷 435 份（其中 30 份问卷丢失）。剔除废卷 8 份，有效问卷 427 份，有效回收率为 91.82%。

通过计算机统计软件 SPSS 分析，本次调查的 427 户居民家庭平均每户人数为 3.49 人，这一结果和湖北省第五次人口普查的统计结果 3.51 人比较吻合。男女的性别比例为 5.64 ∶ 4.33，性别比例恰当。因此，本次调查的 427 户居民家庭对总体具有较好的代表性，调查的结果基本上能够反映 2003 年湖北省城镇居民家庭生活的一般情况。

## 第二节　调查结果与分析

生活质量是一个多方面的研究对象。通常，生活质量分为主观和客观方面。客观的生活质量涵盖了生活的有形方面和可以客观证实的方面；而主观的生活质量则涵盖了可以通过有关生活满意程度和幸福体验测试得以量化的对生活的主观看法。就客观方面而言，生活质量应能反映关于客观健康状况的文化规范；主观方面被称为主观生活质量和主观的健康。人们不断尝试用各种方法将生活质量概念操作化，斯堪的纳维亚模式和美国模式是其中两种最具代表性的研究模式，前者是一种客观生活水平模式，强调客观生活条件的改善与提高；后者则是一种主观生活感受模式，关注人们对主观幸福感的体验。[1]

生活质量是建立在一定的物质条件基础之上，社会提高国民生活的充分程度和国民生活需要的满足程度，以及社会全体成员对自身及其生存环境的认同感。[2] 以此为依据，本次湖北省城镇居民生活质量的调查采取的是主客观相结合的方法。

## 一、调查问卷的内容与指标

以生活质量指标建立的理论为指导，以中国现行的生活质量评价体系为依据，根据湖北省的实际情况和特点，本次调查将问卷分为六大部分来全面考察湖北省城镇居民生活质量的现状。问卷的具体结构和内容如表 5-1 所示。

## 二、调查对象的基本情况

本次调查总人数为 427 人，其中男性占 56.4%，女性占 43.3%；家庭平均人口为 3.49 人；20 岁以下的调查对象占 4.4%，21 ～ 25 岁的占 15.1%，26 ～ 30 岁的占 14.5%，31 ～ 35 岁的占 13.4%，36 ～ 40 岁的占 15.1%，41 ～ 45 岁的占 12.2%，46 ～ 50 岁的占 16.3%，51 ～ 55 岁的占 4.9%，56～60岁的占2.6%，60岁以上的占1.5%，调查人口的年龄构成服从正态分布；从婚姻状况来看，调查对象中未婚人口占到 20.3%，已婚人口占到 74.4%，离异人口占 2.1%，丧偶人口占 2.4%；从代际关系来看，一代人的占 8.7%，两代人的占 62.2%，二代及三代以上的占 29.1%；其职业分布状况如表 5-2 所示。

---

[1] 周长城：《全面小康：生活质量与测量——国际视野下的生活质量指标》，社会科学文献出版社 2003 年版，第 6 ～ 7 页。

[2] 周长城：《中国生活质量：现状与评价》，社会科学文献出版社 2003 年版，第 3 页。

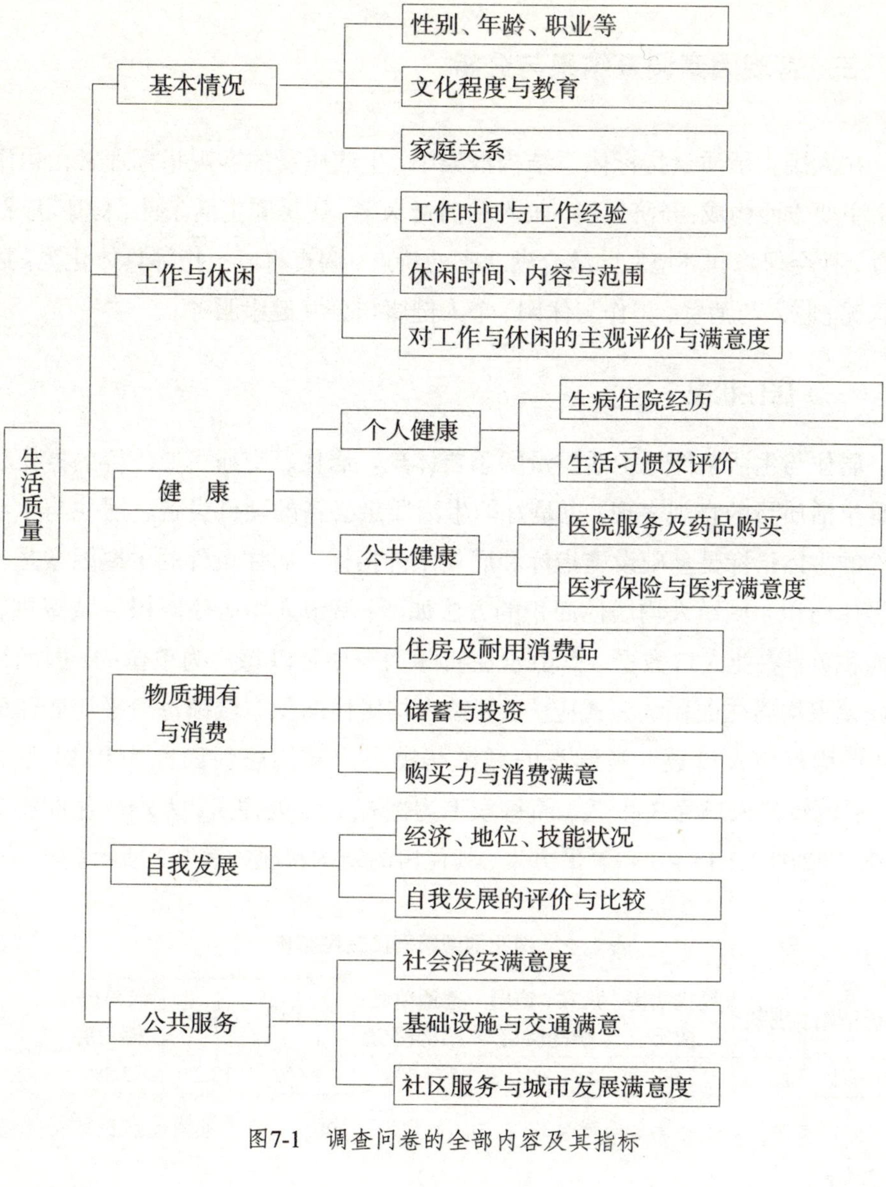


图7-1 调查问卷的全部内容及其指标

**表7-1 职业分布状况**

| 职业 | 公务员 | 工人 | 教师 | 个体私营工商业者 | 退休职工 | 学生 | 自由职业者 | 农民工 | 下岗失业人员 |
|---|---|---|---|---|---|---|---|---|---|
| 分布 | 16.1% | 13.0% | 6.8% | 26.7% | 6.8% | 3.1% | 6.2% | 10.6% | 10.7% |

资料来源：武汉大学生活质量研究与评价中心“2003年湖北省城镇居民生活质量”调查问卷。

## 三、客观因素调查结果与分析

在人民生活质量指标体系结构框架中，生活质量的客观指标通常由以下几个主要方面构成：经济发展、收入和消费水平、住房和生活条件、健康状况、教育、社会保障和环境。[1] 结合湖北省的特点，调查将以上指标具体化为：居住状况、收入与消费、工作与休闲、个人健康与公共健康服务。

### （一）居住状况

居住与生活条件是生活质量的重要体现。居住、交通、通信等的方便程度是生活质量的直观表现，也是好的生活质量必备的硬件设备。居住与生活条件的主体指标是基础设施指标和居住条件指标。居住条件的主要因素是人均居住面积。城镇人均居住面积的方法如下：城镇人均居住面积 = 城镇总居住面积 / 非农业人口数量。[2] 由于在实际调查中是以每户为单位的，因而计算城镇人均居住面积的公式应为：城镇人均居住面积＝城镇每户平均居住面积 / 平均每户人口数。被调查的城镇居民每户平均居住面积为 82.91 平方米，平均每户人口为 3.49 人，而每家平均拥有 1.15 处住房，人均居住面积为 20.66（82.91 ÷ 1.15 ÷ 3.49）平方米，其住房的结构状况如表 7-2 所示。

**表 7–2 湖北省城镇居民住房结构**

| 住房结构 | 别墅 | 复式结构楼房 | 跃式 / 错层结构楼房 | 普通单元结构楼房 | 筒子楼 | 平房 | 简易房、棚户房 | 其他 |
|---|---|---|---|---|---|---|---|---|
| 百分比 | 1.1% | 5.0% | 1.8% | 71.2% | 3.6% | 13.2% | 2.8% | 1.5% |

资料来源：武汉大学生活质量研究与评价中心“2003 年湖北省城镇居民生活质量”调查问卷。

人均面积为 20.66 平方米，超出了湖北省人口普查中城镇居民人均居住面积 10 平方米左右的调查数据。通过分析，别墅、复合式结构楼房，跃式、

[1] 周长城：《中国生活质量：现状与评价》，社会科学文献出版社 2003 年版，第 17 ～ 19 页。

[2] 周长城：《中国生活质量：现状与评价》，社会科学文献出版社 2003 年版，第 189 页。

错层结构楼房占到了调查总人数的 7.8%，这部分住房的面积都在 200 平方米左右，这导致了人均住房面积的扩大，也从一个侧面反映湖北省一部分城镇居民居住水平的提高。同时，数据也表明，71.2% 的人口已经居住在普通单元结构楼房，整体上反映了湖北省住房建设的巨大成就和城镇居民住房条件的改善。

## （二）收入与消费

生活质量的高低体现在生活中的诸多方面，其中收入和消费是重要的一环，因为它能直观地反映出人们的生活状况。本次调查结果显示，每户家庭每个月的收入 1000 ～ 3000 元的占 47.8%，3000 ～ 5000 元的占 28.3%，5000 元以上的占 4.3%，这个数据表明湖北省城镇居民的收入水平还比较低，与发达省市相比还有很大差距。

消费是一个综合的概念，它由众多要素构成。居民消费支出由低到高划分为以下几个层次：食品消费、衣着消费、家庭设备用品及服务、医疗保健、交通和通信、文化教育娱乐服务、居住和杂项商品及服务。[1] 现阶段，城镇居民在满足了吃、穿需求之后，消费内容逐步转向家庭耐用消费品及服务。近几年，居民用于家庭用品设备及服务的消费支出增多，拥有的耐用消费品数量增加，档次提高，更新换代加快，消费热点很多。为此，本次调查专门对家庭耐用消费品进行了调查，调查结果如表 7-3。从表 7-3 可以看出，电视、自行车、电话、冰箱、空调、洗衣机已经达到了较高的普及率；影碟机、抽油烟机、微波炉、热水器、手机、照相机等物品的拥有率呈现快速增长的趋势；而音响、电脑、摩托车、私人汽车等高档消费品也逐步走入寻常百姓家。以上数据都说明，人们的生活用品越来越充足，娱乐、交通、通信等工具越来越多，生活质量越来越高。

**表 7–3　湖北省城镇居民家庭耐用消费品状况**

| 类别 | 物质物品 | 百分比 | 个案数 |
|---|---|---|---|
| ①日常生活 | 电冰箱 | 71.4% | 305 |
| | 洗衣机 | 58.5% | 250 |

[1]　周长城：《中国生活质量：现状与评价》，社会科学文献出版社 2003 年版，第 77 页。

续表

| 类别 | 物质物品 | 百分比 | 个案数 |
|---|---|---|---|
| ①日常生活 | 抽油烟机 | 44.3% | 189 |
| | 热水器 | 31.6% | 135 |
| | 空调机 | 63.2% | 270 |
| | 微波炉 | 35.1% | 150 |
| ②休闲娱乐 | 电视机 | 93.9% | 401 |
| | 影碟机 | 47.5% | 203 |
| | 音响 | 15.2% | 65 |
| | 照相机 | 23.0% | 98 |
| | 电脑 | 11.0% | 47 |
| ③交通工具 | 私人汽车 | 1.6% | 7 |
| | 摩托车 | 8.4% | 36 |
| | 自行车 | 90.6% | 387 |
| ④通信工具 | 电话 | 87.6% | 374 |
| | 手机 | 29.3% | 125 |

资料来源：武汉大学生活质量研究与评价中心"2003年湖北省城镇居民生活质量"调查问卷。

## （三）工作与休闲

工作是人们收入的主要途径，而休闲则是消费的重要载体和衡量人们生活质量的主要指标。从时间维度来看，工作与休闲的关系往往是此消彼长的，工作的时间越长，休闲的时间就越短；从质量维度来看，工作与休闲的关系往往又是成正比的，因为工作收入越高，休闲的质量越高。

调查对象中，73.9%的居民在岗，18.0%的居民下岗，还有8.1%的居民已经退休。目前在岗居民的工作时间分布如表7-4所示。

**表7-4 湖北省城镇居民工作时间**

| 工作时间 | 4小时以下 | 4～6小时 | 6～8小时 | 8～10小时 | 10小时以上 |
|---|---|---|---|---|---|
| 百分比 | 4.3% | 4.3% | 40.1% | 37.1% | 14.3% |

资料来源：武汉大学生活质量研究与评价中心"2003年湖北省城镇居民生活质量"调查问卷。

从表 7-4 可以看出湖北省城镇居民工作的变化：工作时间逐渐减少，很多居民由原来的 8 小时甚至是 10 小时的工作时间缩短到现在的 6 ～ 8 小时。工作时间的减少在某种程度上是居民生活质量提高的表现，人们有了更多的自我可支配时间。这和本文后面分析的休闲时间增多是相吻合的。但是同时需要注意的是，仍然有 14.3% 的人从事工作的时间超过了 10 个小时，这个比例也有上升的趋势。经过仔细比较，这部分工作在 10 小时以上的人多数是下岗职工或无稳定职业者，他们不得不进行较长时间的劳动，有很多人甚至同时打几份工以养家糊口。这种现象必须引起社会足够的重视。

休闲时间和工作时间在某种程度上是成反比的，在调查过程中，许多居民反映有比较充裕的时间从事自己喜爱的娱乐活动，其中很重要的一个原因就是人们的工作时间缩短了。

表 7-5 是城镇居民的休闲时间分布状况。结果表明，人们的休闲时间有了明显的改善。为了验证工作时间和休闲时间的相关性，本次调查特地对其进行了相关性分析，分析结果如表 7-6。

**表 7–5　湖北省城镇居民休闲时间**

| 休闲时间 | 1 小时以下 | 1 ～ 2 小时 | 2 ～ 3 小时 | 3 小时以上 |
|---|---|---|---|---|
| 分布 | 13.9% | 34.4% | 30.5% | 21.1% |

资料来源：武汉大学生活质量研究与评价中心“2003 年湖北省城镇居民生活质量”调查问卷。

**表 7–6　湖北省城镇居民工作时间和休闲时间的相关性分析（皮尔斯相关系数检验）**

| | 您每天的工作时间 | 您每天有多少休闲时间 |
|---|---|---|
| 您每天的工作时间 | 1.0 | −0.039 |
| 您每天有多少休闲时间 | 0.039 | 1.0 |

资料来源：武汉大学生活质量研究与评价中心“2003 年湖北省城镇居民生活质量”调查问卷。

分析结果为工作时间和休闲时间之间的相关度为 −0.039，说明工作时间与休闲时间之间存在着显著的负相关。从居民休闲的活动范围来看，36.4%

的居民主要在自己家中进行休闲活动;38.5% 的居民在自己家 1 公里之内的范围里进行休闲活动;18.8% 的居民在自己家 5 公里之内的范围里进行休闲活动;4.8% 的居民在自己家 10 公里之内的范围里进行休闲活动;1.5% 的居民在距离自己家 10 公里以外甚至更远的范围里进行休闲活动。即在自己家和自己家 1 公里之内的范围内活动的居民占到了绝大多数。这表明居民的休闲时间虽然增加了，但休闲的活动地点却局限在一个较小的区域范围之内，生活的圈子比较窄，娱乐的方式比较单一。

### （四）个人健康与公共健康服务

健康是生活质量的集中体现。社会发展的终极目的是人的发展，人们生活质量提高的最重要也是最生动的体现无疑是对生命的关爱。拥有健康的身体是创造美好生活质量的前提，也是提高生活质量的目的所在。健康分为个人健康和公共健康服务，同时健康又包括健康的体魄和健康的心理。城镇居民每周用于身体锻炼的时间分布如表 7-7 所示。

**表 7–7　湖北省城镇居民每周用于身体锻炼的时间**

| 锻炼时间 | 2 小时以下 | 2 ～ 4 小时 | 4 ～ 6 小时 | 6 ～ 8 小时 | 8 小时以上 |
|---|---|---|---|---|---|
| 分布 | 59.6% | 26.4% | 9.1% | 2.1% | 2.7% |

资料来源：武汉大学生活质量研究与评价中心“2003 年湖北省城镇居民生活质量”调查问卷。

表 7-7 说明城镇居民的健康意识还不强，每周的锻炼时间未超过 2 个小时的居民占到了 59.6%，即平均每天的锻炼时间不足 20 分钟。同时调查显示，湖北省城镇居民每年至少有一次去医院看病。从购买药品的情况来看，30.0% 的居民选择在医院购药，32.3% 的居民选择在一般国营药店购药，26.1% 的居民选择在个体药店购药，9.5% 的居民在小诊所购药，2.1% 的居民在其他地点购药。也就是说，60% 以上的居民选择在国有性质的医院或药店购药，这说明在医疗和药品制度改革的今天，人们还是对国有性质的售药点更加信任，近 40% 的非国有性质的药品销售也显示了人们对改革的支持和对非国有性质售药点的逐渐信赖。

## 四、主观因素结果与分析

生活质量的主观因素是生活质量研究的重要方面。城镇居民的主观满意度是城镇居民生活质量的主要指标之一。美国对生活质量的研究即是根据个人所体验到的需求满意程度来定义社会福利的，认为社会发展的最终目标不是生活质量的客观方面，而是用满意度、幸福感来测量的个人主观感受。本次调查也十分重视对满意度的调查，将人们的满意程度分成“非常满意、比较满意、一般满意、不太满意、非常不满意”五个等级，从不同的方面对人们的满意程度进行调查，由此得出了湖北省城镇居民对生活质量满意度的主观看法。

城镇居民的住房满意度调查显示仅有 1.8% 的人表示很满意，20.9% 的人表示比较满意，53.2% 的人表示一般满意，22.3% 的人表示不满意，1.8% 的人表示很不满意。

城镇居民对收入与消费的满意程度很大程度体现了居民的生活质量。本次调查从物质拥有、储蓄、投资、商家提供的商品服务、居民的购买能力这五个方面对湖北省城镇居民的生活质量进行了满意度调查，结果如表 7-8。可以发现，湖北省城镇居民对物质拥有、储蓄、投资、购买能力这几个方面的满意程度不高，对储蓄能力和购买能力的满意程度非常低。在我国，收入多少的主要标准是看储蓄，城镇居民对储蓄的不满更多地说明他们对收入水平的不满意。消费则主要体现在居民的购买能力上，购买能力满意度的偏低也说明了消费水平的滞后。然而，人们对商家提供的商品服务给予了很高的评价，非常满意和比较满意的占到了 92.8%。这表明近年来，市场经济的发展和激烈的竞争使商家越来越重视对消费者的服务。湖北省居民在这方面的态度变化充分证明了这一点。

**表 7–8　城镇居民收入与消费的满意程度**

| 满意程度<br>收入与消费 | 非常满意 | 比较满意 | 一般 | 不满意 | 很不满意 |
|---|---|---|---|---|---|
| 物质拥有 | 2.5% | 20.7% | 41.4% | 30.7% | 4.6% |

续表

| 收入与消费 \ 满意程度 | 非常满意 | 比较满意 | 一般 | 不满意 | 很不满意 |
|---|---|---|---|---|---|
| 储蓄 | 2.0% | 9.0% | 41.0% | 41.0% | 7.0% |
| 投资 | 1.8% | 10.7% | 52.4% | 26.7% | 8.4% |
| 提供消费服务 | 17.9% | 74.9% | 6.8% | 0.4% | 0% |
| 购买能力 | 1.8% | 10.0% | 44.8% | 32.7% | 10.7% |

资料来源：武汉大学生活质量研究与评价中心“2003年湖北省城镇居民生活质量”调查问卷。

**表 7–9　城镇居民对工作和休闲服务的满意程度**

| 收入与消费 \ 满意 | 非常满意 | 比较满意 | 一般 | 不满意 | 很不满意 |
|---|---|---|---|---|---|
| 工作 | 6.8% | 25% | 50% | 13.6% | 4.5% |
| 休闲服务 | 1.8% | 20.9% | 53.2% | 22.3% | 1.8% |

资料来源：武汉大学生活质量研究与评价中心“2003年湖北省城镇居民生活质量”调查问卷。

表7-9显示出城镇居民对工作和提供的休闲服务并非十分满意。调查发现，很多回答“一般”的居民对自己的工作并不十分满意。很多被访者认为自己不太满意自己工作的主要原因是花费的时间和收入不成正比。由此可见，这50%的“一般”也偏向于不满意，即对工作不是很满意的人占到了68.1%，对休闲服务不满意的占到了77.3%。休闲服务的满意度不高，主要是从单位制向社区制转变不完全的结果。湖北省城镇居民的休闲活动主要还是在家中、社区内完成的。然而，现有的社区发展并不充分，很大程度上还不具备提供给居民所希望和满意的休闲场所和休闲活动的能力。同时，由于现有社区的人际关系比较疏远，居民的休闲活动受到了很大的限制，这也导致了居民对休闲服务的不满意。

健康状况的提高和改善，是生活质量提高的基础。关于个人健康，除了要了解个人的锻炼时间外，还需了解居民对健康的满意程度，其实际情况如图7-2所示。

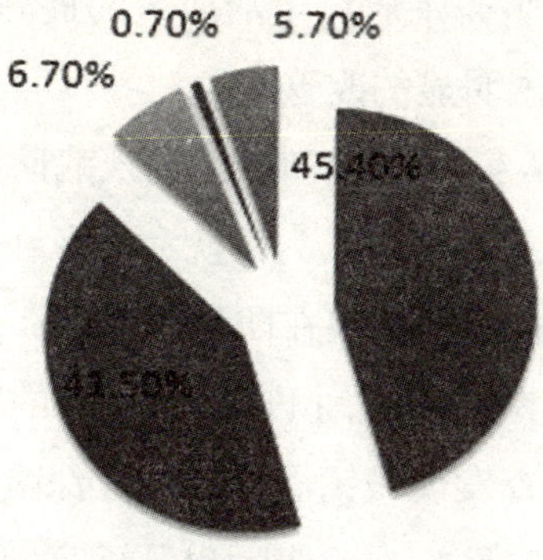


图7-2　城镇居民个人健康的满意程度

资料来源：武汉大学生活质量研究与评价中心“2003年湖北省城镇居民生活质量”调查问卷。

城镇居民对自己的健康完全满意的只占了5.7%，比较满意的占到45.40%，一般的占到41.5%，不满意的占到6.70%，很不满意的占到0.70%。这表明48.90%的居民对他们的健康状况并不是十分满意，这个问题的确值得引起注意。公共健康是关注健康的另一个主要层面，表现在医院的收费、医院或社区的疾病防疫工作、医疗保险状况这三个方面，居民的反映如表7-10所示。

**表7–10　城镇居民公共健康服务的满意程度**

| 满意<br>收入与消费 | 非常满意 | 比较满意 | 一般 | 不满意 | 很不满意 |
|---|---|---|---|---|---|
| 医院收费 | 0.9% | 5.2% | 28.9% | 48.3% | 16.7% |
| 医院或社区的疾病防疫工作 | 1.8% | 16.7% | 52.9% | 25.5% | 3.0% |
| 医疗保险状况 | 11.5% | 54.7% | 28.4% | 5.4% | 0% |

资料来源：武汉大学生活质量研究与评价中心“2003年湖北省城镇居民生活质量”调查问卷。

从表7-10中可以看出，医院收费过高仍然是城镇居民感到最不满意的问题，不满意的人占到了93.9%。医院是为病人服务的场所，病人因为费用高而不敢进医院的现象严重阻碍了居民生活质量的提高。不过，这种高收费的现象在某些医院已经得到了明显的改善。

经过“非典”事件，人们对医院和社区的疾病防疫工作喜忧参半。对医院或社区防疫工作比较满意的居民认为医院和社区在防治“非典”的过程中表现得非常出色；但是也有居民反映在防治“非典”过程中出现了违法违规行为，有些医院和社区成为了市场，擅自抬高物品的价格。这说明医疗卫生制度还需进一步完善。调查发现城镇居民对医疗保险的满意程度发生了明显的变化。很多人已经开始对医疗保险表示出了满意的态度。满意和比较满意的占到了 66.2%。

表 7-11 显示的是湖北省城镇居民对公共服务满意程度。其中治安状况、执法力度、执法方式、公安机关案件处理效率是属于社会环境层面的；公交车数量、站点分布、公交车乘车人数、打的便利情况、塞车情况是属于交通方面的；街道卫生状况、居委会的服务、自来水的使用情况、用电情况、公共健身设施安置情况是属于社区服务层面的；对城市发展计划及执行情况的感受是城市化状况层面的。

**表 7-11　湖北省城镇居民对公共服务状况的满意程度**

| 满意<br>收入与消费 | 非常满意 | 比较满意 | 满意 | 不太满意 | 非常不满意 |
|---|---|---|---|---|---|
| 治安状况 | 2.4% | 20.8% | 25.9% | 43.5% | 7.4% |
| 执法力度 | 1.2% | 15.2% | 23.0% | 46.0% | 14.6% |
| 执法方式 | 1.2% | 10.9% | 23.3% | 46.5% | 18.1% |
| 公安机关案件处理效率 | 0.9% | 10.5% | 17.8% | 53.2% | 17.5% |
| 公交车数量 | 3.8% | 19.9% | 42.0% | 26.3% | 8.0% |
| 站点分布 | 4.0% | 19.5% | 40.4% | 26.2% | 9.9% |
| 公交车乘车人数 | 1.6% | 18.4% | 41.1% | 28.0% | 10.9% |
| 打的便利情况 | 9.3% | 19.9% | 43.4% | 19.9% | 7.4% |
| 塞车状况 | 4.9% | 15.9% | 32.1% | 35.8% | 11.3% |
| 街道卫生状况 | 2.1% | 15.1% | 31.4% | 38.7% | 12.7% |
| 居委会的服务 | 2.2% | 12.8% | 29.7% | 45.3% | 10.0% |
| 自来水使用状况 | 12.5% | 20.8% | 45.8% | 16.1% | 4.8% |
| 用电情况 | 12.7% | 22.6% | 44.6% | 15.7% | 4.55% |
| 公共健身设施安置情况 | 4.3% | 9.4% | 30.7% | 44.7% | 10.9% |

续表

| 满意<br>收入与消费 | 非常满意 | 比较满意 | 满意 | 不太满意 | 非常不满意 |
|---|---|---|---|---|---|
| 对大众传媒印象 | 0.3% | 16.5% | 35.4% | 38.8% | 9.0% |
| 对城市发展计划及执行情况感受 | 2.4% | 16.9% | 30.7% | 38.0% | 12.0% |

资料来源：武汉大学生活质量研究与评价中心“2003 年湖北省城镇居民生活质量”调查问卷。

社会环境是生活质量提高的保障。而社会环境的优劣通过城镇居民对治安状况等的满意程度能间接地表现出来。对治安状况，2.4% 的人表示非常满意，20.8% 的人表示比较满意，25.9% 的人表示满意，43.5% 的人表示不太满意，7.4% 的人表示很不满意。执法力度方面，1.2% 的人表示非常满意，15.2% 的人表示比较满意，23.0% 的人表示满意，46.0% 的人表示不太满意，14.6% 的人表示很不满意。执法方式方面，1.2% 的人表示非常满意，10.9% 的人表示比较满意，23.3% 的人表示满意，46.5% 的人表示不太满意，18.1% 的人表示很不满意。公安机关案件处理效率方面，0.9% 的人表示非常满意，10.5% 的人表示比较满意，17.8% 的人表示满意，53.2% 的人表示不太满意，17.5% 的人表示很不满意。通过上面的数据看出，从整体上看，城镇居民的满意程度还是比较低的，不太满意的人数占到了 40% 以上，这表明城镇居民对社会环境还有很大的不满，而且执法力度和执法方式也都存在着不同程度的问题。

社会的发展包括国民经济的良好运行和人民生活质量的迅速提高。发达的交通，不仅能保证国民经济运行的顺畅和人民生活的便利，而且还为国民经济在一定时期内的发展打下基础，从而增加一个国家或地区的社会经济发展潜力。在调查中用公交车数量、站点分布、公交车乘车人数、打的便利情况、塞车情况几项人民满意度来衡量交通，得出结果如下：公交车数量方面，3.8% 的人表示非常满意，19.9% 的人表示比较满意，42.0% 的人表示满意，26.3% 的人表示不太满意，8.0% 的人表示非常不满意；站点分布方面，4.0% 的人表示非常满意，19.5% 的人表示比较满意，40.4% 的人表示满意，26.2% 的人表示不太满意，9.9% 的人表示非常不满意；公交车乘车人数方面，1.6%

的人表示非常满意，18.4% 的人表示比较满意，41.1% 的人表示满意，28.0% 的人表示不太满意，10.9% 的人表示非常不满意；打的便利情况方面，9.3% 的人表示非常满意，19.9% 的人表示比较满意，43.4% 的人表示满意，19.9% 的人表示不太满意，7.4% 的人表示非常不满意；塞车状况方面，4.9% 的人表示非常满意，15.9% 的人表示比较满意，32.1% 的人表示满意，35.8% 的人表示不太满意，11.3% 的人表示非常不满意。上面的数据说明湖北省城镇居民对交通的满意程度还是比较低的，很多人认为公共汽车的数量比较少，乘车人数比较多，打的还不是很方便，塞车状况尤为严重。

社区服务是社会转型中单位制向社区制转型的产物。现阶段，人们居住的环境更多的是社区，而不是传统意义上的单位。社区服务的质量直接影响到人们对社会的整体认识，关系着居民生活水平和生活质量的提高。因为社区本身就是一个小社会，同时社区服务与居民生活的联系又是最为紧密的。以下是关于社区服务的调查结果：街道卫生状况方面，2.1% 的人表示非常满意，15.1% 的人表示比较满意，31.4% 的人表示满意，38.7% 的人表示不太满意，12.7% 的人表示非常不满意；居委会的服务方面，2.2% 的人表示非常满意，12.8% 的人表示比较满意，29.7% 的人表示满意，45.3% 的人表示不太满意，10.0% 的人表示非常不满意；用电方面跟用水方面差不多，表示非常满意的分别占 12.7% 和 12.5%，表示比较满意的占 22.6% 和 20.8%，表示满意的占 44.6% 和 45.8%，表示不太满意的占 15.7% 和 16.1%，表示非常不满意的占 4.55% 和 4.8%；公共健身设施安置方面，4.3% 的人表示非常满意，9.4% 的人表示比较满意，30.7% 的人表示满意，44.7% 的人表示不太满意，10.9% 的人表示非常不满意。数据充分表明，在硬件方面，很多人表示非常满意或比较满意，说明湖北省在硬件方面的建设取得了较大的成就。但是软件方面的情况则不太乐观，相当一部分人对当前的街道卫生状况、居委会服务、公共健身设施安置情况表示出了强烈的不满。很多居民认为，居委会和社区名存实亡，没有什么实质性的作用。当前的社区还不是完全意义上的社区，很多还是原有单位环境下的产物，社区转变和职能明确是当前社区发展所面临的主要问题。

城市化对社会发展和人民生活质量提高的推动作用是巨大的。从生活质量的角度看，城市化表现为生活方式现代化，即生活方式世俗化、多元化和快节奏。由《中国小康进程报告》可以看出，城市化程度较高的地区，实现小康的程度也较高。对城市发展计划及执行情况的感受，表示非常满意的占到2.4%，表示比较满意的占到16.9%，表示满意的占到30.7%，表示不太满意的占到38.0%，表示非常不满意的占到了12.0%，即人民群众对湖北省的城市化建设是不太满意的，很多人甚至认为湖北省的城市化没有发展。城市化的滞后带来了严重的社会问题，城市不能容纳更多的人，城市规划和发展不能顺利进行，凡是和城市化相关的经济、政治、社会和文化都受到了严重的制约。

## 第三节　趋势与讨论

通过上述调查结果的展示和分析，我们整体可以得出现阶段湖北省城镇居民生活的发展现状如下：

首先是经济发展整体推进。人的生理、心理、交往、文化等全面发展的需要，按需求层次可以划分为生存与发展两种需要。其中最基本的是生存需要，它是任何社会人口生产与再生产得以正常进行的条件，是社会稳定与繁荣的基础。人们追求高生活质量的享受，或是寻求自身的全面发展，都离不开丰富的物质基础保障。因此，经济发展是生活质量提高最根本的前提，只有经济增长了，社会财富增加了，人民生活水平的提高才有可能。

在全体人民共同努力下，2003年湖北省经济取得了持续的增长。据初步核算，全省全年实现生产总值5396亿元，比上年增长9.3%。农业经济发展势头良好，农业增加值和农民人均纯收入分别增长5%，是1998年以来增幅最大的一年。工业经济稳定增长，效益明显提高，规模以上工业实现利润178.4亿元，增长17.1%；工业经济效益综合指数达126.2，比上年提高5.6个百分点，为近8年来最高水平。投资、消费需求平稳增长，全社会固定资产投资完成1883.59亿元，增长11.1%。财政金融形势稳定，地方一般预算收入完成259.57亿元，增长10%，其中，工商税收171.99亿元，增长12.9%；金融机构年末存、贷款分别比年初增加965.21亿元和685.91亿元。“九五”计划目标顺利实现，“十五”计划开局良好。经济结构调整步伐加快，三次产业比重由22.2：46.6：31.2调整为14.2：49.2：36.3。（见图7-3）

其次，居民收入与消费平稳增长，消费结构日趋合理。在中国“十五”计划纲要中，提高人民生活质量是一个重要内容，其中特别提出了要“进一步提高城乡居民的消费水平，改善消费环境，优化消费结构”。而消费水平的提高又依赖于居民收入的增长。近年来，湖北省城镇居民人均可支配收入不断提高。1998—2003 年，湖北省城镇居民人均可支配收入分别为 4826.4 元、5212.8 元、5524.5 元、5856.0 元、6788.5 元和 7322 元，保持了较大的增长幅度。2003 年的人均可支配收入比上年增加 7.9%。（见图 7-3）社会消费品零售总额也持续爬升，1998 年为 1481.4 亿元、1999 年为 1617.1 亿元，2000 年为 1789.4 亿元，2001 年为 1789.4 亿元，2002 年为 2198.4 亿元，而 2003 年已经达到 2358.69 亿元，比 2002 年同期增长 10.8%。恩格尔系数降为 37.2%，比全国的平均系数 37.7% 少了 0.5 个百分点，按照联合国粮食组织的标准，已经达到比较富裕的水平。（见图 7-4）

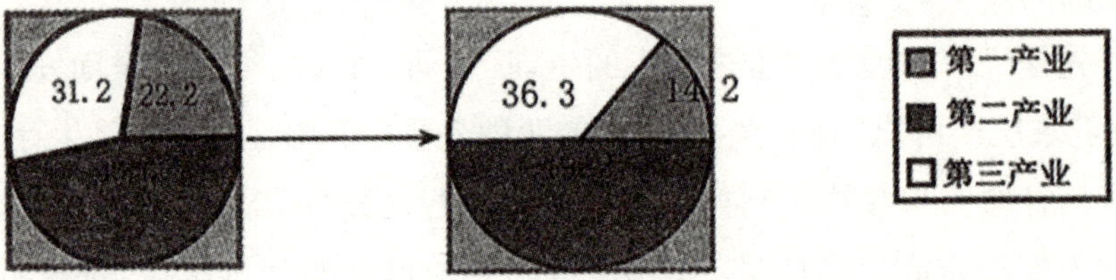


图7-3　湖北省三大产业结构比例变化

资料来源：湖北省 2003 年政府工作报告 http://www.gxi.gov.cn/feature/2003gszfgzbg/2003zfgzbg/2003224114940.htm。

从消费结构来看，湖北省已经突破了生存性的消费结构，居民消费从追求物质消费向追求精神消费和服务消费转变，从满足基本生存需求向追求生活的全面发展转变。消费结构快速升级，带动了一系列相关产业的增长，住房、交通、通信、旅游、信息化产品迅速成为城镇居民的消费热点。

再次，居民身心健康状况良好，医疗卫生事业成绩斐然。随着经济的发展，国家、社会为人民提供了足够的物质基础，人们不再为解决温饱问题而疲于奔命。他们的需求层次不断提升，追求更高的生活质量。拥有健康的身体，社会能够提供足够的、先进的医疗设施已成为人们现实的要求，同时，健康状况和医疗条件的好坏也从一个侧面反映了人民的生活质量的高低。

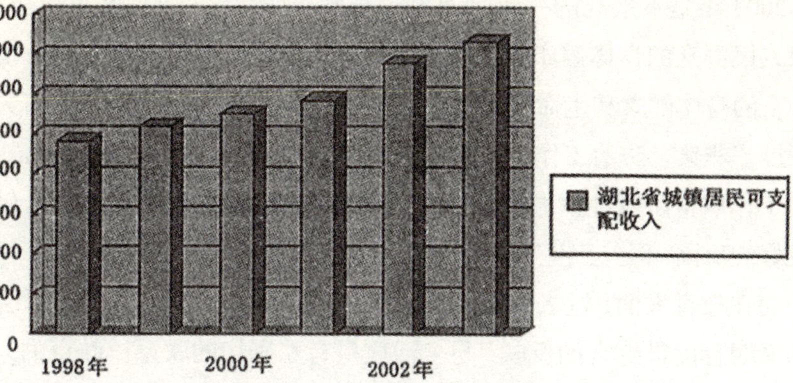


图7-4　湖北省城镇居民可支配收入（单位：元）

资料来源：国家统计局：《中国统计摘要——2003》，中国统计出版社2003年版，第105页。

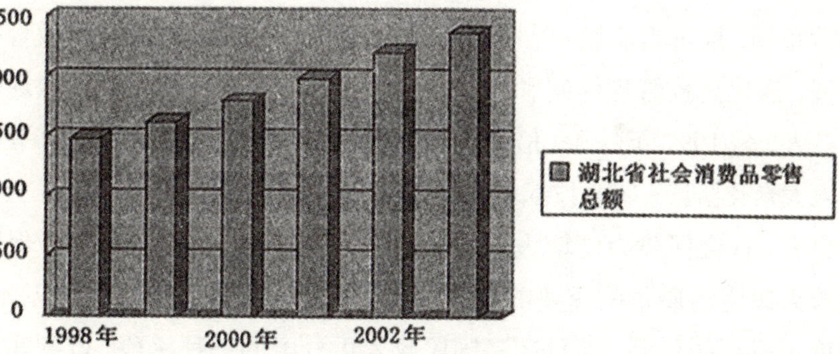


图7-5　湖北省社会消费品零售总额（单位：亿元）

资料来源：国家统计局：《中国统计摘要——2003》，中国统计出版社2003年版，第154页。

从调查结果来看，湖北省城镇居民的日平均工作时间为6～8个小时，休闲时间明显增多，内容也更加丰富。“健康进社区”的口号得到了极大的响应，居民生活小区内兴建了各种供居民锻炼身体和休闲的公共服务设施，许多小区建立了医疗卫生站点，举办了较多的医疗咨询和义诊活动，为居民的身心健康奠定了坚实的基础。同时进行的医疗制度改革和药物价格调整也为湖北省居民的身心健康提供了制度保障。

2003年是不平凡的一年。面对“非典”疫情，政府高度重视防治工作，确保人民群众的身体健康和生命安全。政府与民众同心协力，坚持把保障人民群众的身体健康和生命安全放在第一位，及早部署，果断决策，有力、有序地开展“非典”防治工作，有效控制了“非典”疫情在湖北省的扩散和蔓延，防治工作取得阶段性重大胜利。经过这次考验，湖北省人民的身心健康得到了更好的巩固，医疗卫生事业也有了质的飞跃。

而在教育方面，过去几年湖北省整体水平稳中有升。教育是社会发展程度和文明程度最综合的反映，与生活质量有着密切的联系。教育的兴衰成败直接关系到湖北省发展，更直接关系到湖北省居民生活质量的提高。

2003年湖北省教育稳中有升。各种资料显示，湖北省农村义务教育管理体制不断完善，基础教育健康发展；科技创新能力增强，五年共取得省部级以上重大科技成果3110项；科技成果转化率、科技进步对经济增长的贡献率提高；实施“分级管理、以县为主”的基础教育管理体制改革；调整优化农村中小学布局，推进素质教育；“两基”成果进一步巩固，普通高中教育得到较大发展；深化高校管理体制和后勤社会化改革，普通高校在鄂招生规模达到18.5万人，是1997年的3.6倍，高校全日制在校生超过60万人，高等教育提前进入大众化阶段；职业技术教育和成人教育加快发展。[1]

再者，社会保障力度增大，保障制度逐步完善。享受基本生活保障是不断改善人民生活质量的重要前提。社会保障不仅保障社会成员的基本生活，起到稳定机制的作用，而且还是国民收入再分配的一种手段，以利实现社会公正。

2003年度湖北省积极筹措资金，加强宏观调控，在养老保障、失业保障、最低生活保障、医疗保障等方面都取得了很大进展，确保了国有企业下岗职工基本生活费和离退休人员基本养老金按时足额发放。全省纳人最低生活保障的城镇居民已达162万人，比上年净增35.6万人，基本做到了“应保尽保”。社会保险覆盖面扩大，社会保险新增134万人，接续养老保险关系80多万人。对10万名有集中供养愿望的鳏寡老人实现了集中供养。[2]社会保障力度增大和制度完善对湖北省城镇居民提高生活质量做出了巨大的贡献。

---

[1] 参见 http://www.gxi.gov.cn/feature/2003gszfgzbg/2003zfgzbg/2003224114940.htm。

[2] 参见 http://www.gxi.gov.cn/feature/2003gszfgzbg/2003zfgzbg/2003224114940.htm。

而生态环境和社会环境优化，则使得人民生活环境更加舒适。环境是人们生活的空间，它广泛地影响着人们的生活质量。良好的生活环境不仅为生活质量的改善提供了充裕的物质资料，更为生活质量主体——人的健康和发展提供了条件。

从生态环境来看，湖北省强化了工业污染和城市环境的综合整治，加强了环境保护的执法和执法监督，全省森林、土地、水等资源的管理力度增大，自然保护区工作取得较大的进展。据统计，全省造林面积约361万公顷，城市人均公共绿地面积7.11平方米。全省共完成水土流失防治面积3.6万余平方公里，营造水保林、封山造林64万平方公里，林草覆盖率提高近20%。[1]城镇居民可以随时享受到清新的空气，充足的阳光和水资源，与大自然和谐共处。

从社会环境来看，湖北省2003年的一项重大优化环境的举措是取缔了市区内的所有“麻木”，还道于民，有效地改善了交通秩序，降低了工业废气的排放和噪音污染，美化了城市景色，提高了居民的出行安全感。同时，减少居民用水污染，白色污染，工业和生活垃圾的各项举措都取得了较大成效，社会治安状况也有明显改善，人民生活环境更加舒适。

综上所述，人民生活满意度是在逐渐提高的过程中。生活质量在某种程度上说是人们主观感受的一种缩影。对生活质量的研究在强调客观生活条件改善与提高的同时，必须更多地关注居民的主观幸福感和主观满意度。生活质量研究的“美国模式”认为，社会发展的最终目标不是生活质量的客观方面，而是用满意度、幸福感来测量的个人主观感受。

本次调查将城镇居民生活质量的满意度作为一个非常重要的指标来考察。对目前从事工作的满意程度的调查中，有82.7%的城镇居民对当前的工作表示很满意或比较满意；对周围休闲服务的满意程度调查，有77.4%的居民表示很满意或比较满意；而在健康状况满意度调查中，有92.4%的居民对自己的健康状况表示满意；住房条件的满意程度为65%；在消费过程中，人们对商家提供的服务表示比较满意，满意的人占到了总调查人数的92.3%。以上生活质量相关要素的调查表明，湖北省的城镇居民生活质量确实有了很大的提高。对这些因素的满意程度很客观地反映了城镇居民的生活状况和心态。

[1] 参见 http://www.gxi.gov.cn/feature/2003gszfgzbg/2003zfgzbg/2003224114940.htm。

湖北省虽然在各个方面都取得了很大的发展，人民生活质量也得到了较大的提高，但是我们必须承认，我们的发展还存在许多不足，人民生活质量也只是初步的小康，和许多经济发达的城市相比，我们做得还很不够，很多问题亟待解决。

## 一、经济发展速度不高，经济增长方式过于单一

经济增长速度缓慢直接制约着人民生活水平的提高。与北京、上海、广东等经济发达的城市相比，湖北省的经济总量还非常小。此外，经济增长方式过于单一，湖北省的经济增长仍然主要依靠第一产业和第二产业的发展。在科学技术飞速发展的今天，经济增长的主要方式依靠的主要是第三产业，尤其是科学技术和信息产业的发展。科技成为了经济增长的最为主要的动力。国有经济在湖北省经济发展中有着举足轻重的地位，由于历史方面的原因，湖北省的国有经济更多地集中在钢铁、纺织等工业领域，再加上经济转型和国有企业改革，使得这部分国有企业的发展遇到了前所未有的挑战，如何确保国有大中型企业的高效益和产品科技含量的提高对湖北省经济增长有着重要的意义。

## 二、消费水平不高，和先进省市差距拉大

当前湖北省消费面临的一个严峻问题是消费水平与经济增长不协调，居民消费水平和全国平均消费水平尤其是和先进省市的差距呈扩大趋势。

造成消费水平低的主要原因是人均可支配收入不高。1997 年，湖北、上海、广东的人均可支配收入分别是 4673.2 元、8438.9 元、8561.7 元，1998 年分别为 4826.4 元、8773.1 元、8839.7 元，1999 年分别为 5212.8 元、10931.6 元、9125.9 元，2000 年分别为 5524.5 元、11718.0 元、9761.6 元，2001 年分别为 5856.0 元、12883.5 元、10415.2 元，2002 年分别为 6788.5 元、13249.8 元、11137.2 元。仅从 2002 年看，上海和广东的人均可支配收入分别为 13249.8 元和 11137.2 元，全国的平均水平为 7702.8 元，而湖北省只有 6788.5 元，是上海市的一半，还未达到全国的平均水平。和 1997 年相比，这种差距已经拉

大了（1997年湖北省城镇居民的人均可支配收入和上海相差3000多元，和全国平均水平相差几百元）。这就导致了消费的严重不足和滞后，上海的消费支出是10464.0元，全国平均水平是6029.9元，而湖北省只有5608.9元。（见图7-6）

人均可支配收入不能提高，消费性支出必然不能增长，这种差距将会呈现扩大的趋势。消费是城镇居民生活质量的重要依据，消费的滞后导致了居民生活质量满意度和客观指标的下降，它将严重影响居民的生活质量。

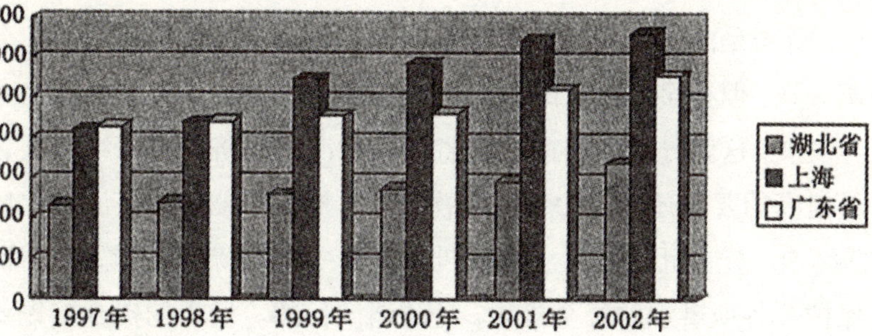


图7-6　湖北、上海、广东三地人均可支配收入之比较（单位：元）

资料来源：国家统计局：《中国统计摘要——2003》，中国统计出版社2003年版，第105页。

## 三、社会保障机制尚未完全建立，保险事业发展滞后

近些年，湖北省的社会保障面临着严峻的挑战和巨大的压力。随着湖北省经济转型和社会变迁，下岗工人呈翻倍上升趋势。享受保障的人员已由28万人增加到126万人。

享受城镇居民最低生活保障的人数的变化趋势在很大程度上反映了湖北省近些年来的下岗失业人员的数量。劳动力供求矛盾突出。1998年社会保障资金筹措更趋艰难。隐性失业现象普遍，下岗职工的劳动关系处理难。劳动力市场发育滞后，市场就业机制难以发挥作用。此外，人口老龄化的趋势十分迅猛，这对城镇居民生活质量产生重大影响。而在经济落后的情况下出现的人口老龄化问题也给养老保障带来了挑战。评价人民生活质量的一个重要标准就是健康，健康是一个社会发展的重要标志。随着人民生活水平的不断

改善，科学技术的发展，医疗设备的不断完善，人们对健康的要求日益提高，医疗保障就显得尤为突出。湖北省的医疗保障同样面临着巨大的压力，这主要表现在医疗保险覆盖面窄，机制缺乏造成资产流失等方面。

### 四、环境质量仍需改善

虽然湖北省的环境保护工作取得了巨大的成就，但仍有许多问题应该引起我们的重视，如长江中下游水污染较为严重，土壤植被破坏等。这些问题的产生，首先是由于人们的环保意识还不强。环境需要和经济、社会发展做到协调一致，但很多时候，我们为了盲目追求经济效益而忽视了生态环境的建设与发展，这就导致了目前湖北省环境状况与经济的可持续发展、人们生活质量提高的要求还不够协调。其次，环保投入与控制污染、美化环境的实际需求还有一定差距。在社会发展投入资金一定的情况下，教育、社会保障、环境保护等各项事业的资金投入，是此消彼长的。投入的资金首先要解决迫在眉睫的问题，如保持社会的稳定（社会保障），才能关注更多的事业。因此，面对众多的需要改善的环境问题，环保的投入似乎显得有些不足，很多方面没有能够得到实质性的解决。再次，有关环境保护的法案还不完善，执法的力度、手段和监督机制还有待加强。环保事业的运作必须有法律制度的保证，由于我国关于环境保护的法案还不健全，环保工作得不到法律的有力支持，湖北省的环保事业依然任重道远。

## 第四节 对策与建议

2003 年湖北省取得了不斐的成绩，也面临着许多迫切需要解决的问题。2004 年将是一个机遇与挑战并存、动力与压力并举的年份。针对湖北省城镇居民生活质量的实际发展状况，笔者提出了一些建议。

## 一、完善经济结构，加快经济发展

当前经济发展的主要问题还是结构性问题。加快第三产业的发展是重中之重，尤其是以科技和信息为先导的第三产业。在经济发展中渗透和强调科技信息的作用是发展的根本。加快企业改革和积极推进工业化、城市化是经济发展的重要手段。一切以经济发展为基础，人民生活质量的提高根本上说还是整体经济发展水平的提高。坚持以人为本，树立和落实全面、协调、可持续的发展观，坚定不移地抓好第一要务，进一步深化改革，扩大开放，加快经济结构战略性调整，改善经济发展环境，大力推进新型工业化，大力发展农业和农村经济，大力发展县域经济和民营经济，努力扩大就业再就业，完善社会保障体系，着力解决群众生产生活中的实际困难和问题，促进国民经济持续快速协调健康发展和社会全面进步。

## 二、提高消费水平，完善消费结构

消费水平是发展经济的很重要的组成部分，消费要有根本性的提高还是要靠大力发展经济，同时改善人们的消费观念也是十分必要的。自古以来，中国人的消费观念就是节俭和有余，不管进行什么投资或进行什么消费，都要先给自己和家庭留一条退路，以防突然事件的发生。这在很多方面都有体现。社会必须大力倡导适度消费和适度超前消费，将人民的消费和国家的财政政策有机结合起来，解放和更新老百姓的消费思想，让老百姓用自己的钱解决自己当前的需要。

提高消费的又一重要途径便是大力完善和改善社会保障制度。调查表明，很大一部分人在谈到消费时都觉得心里没底。换句话说，就是大部分的城镇居民不能确定自己的钱花出去将来怎么办。只有良好的社会保障制度才能从根本上帮助人们消除这种“消费恐惧”心理。完善消费信贷制度也是重要途径之一。

当前很值得关注的现象是，人们看到官方的统计数据时常常会比较惊讶，因为他们觉得自己并没有消费那么多。原因并不是统计数据不真实，而是现在中国社会普遍面临的状况——贫富差距扩大。这种现象的产生是多方面的，但主要原因则是日趋发展的市场经济和科技信息的应用，科技导致了人们收入的巨大差异。要提高消费水平，提高人们的生活质量，还必须加强对收入分配的宏观调控，防止两极分化的加大，并通过收入再分配扩大有效需求。

## 三、提高教育水平，全面普及素质教育

改善人民教育生活质量，必须采取有效的措施。这包括从普及基础教育到发展高等教育、职业教育、终身教育等多样化的教育体系。教育总供给小于教育总需求是中国的一个基本事实，稀缺的公共教育支出与巨大的社会教育需求之间的矛盾是中国教育特别是高等教育供需矛盾的基本格局。实现全民普及教育目标，湖北省应将更多的资金投入社会效益高、受益面广的初等教育，必须为所有的孩子提供基础教育，同时为文盲青壮年普及基础教育提供机会。

大力发展第三教育，推进普及化程度。建立教育质量评估制度，使人们获得选择教育所需的信息，健全和完善教育立法。教育水平的提高是人们生活质量提高的重要条件，尤其是今后几代的人，可以说教育水平的提高对人们提高经济收入和消费水平是相当重要的。

## 四、扩大就业再就业，健全和完善社会保障机制

“十五”期间是中国社会经济发展实现第三步战略目标承前启后的关键时期，也是建立比较完善的社会主义市经济体制，积极推进经济增长方式转变具有全局意义的时期。社会保障体系作为市场经济自治的重要组成部分，要加快其改革步伐，使之尽快完善。在改革过程中，首先应该注意营造有利于改革的宏观环境，这是解决中国目前社会保障体系中存在的突出问题和矛盾的前提条件。

随着国有企业改革的深化，湖北省下岗职工的人数依然处于迅速爬升状态。提高人民的生活水平，扩大就业再就业是根本途径；健全和完善社会保障机制是保持社会稳定、促进社会发展的根本保证。

应该千方百计增加就业岗位，大力发展就业容量大、市场有需求的劳动密集型产业、服务业、民营中小企业，积极开发公益性岗位，组织劳务输出，努力为下岗失业人员提供更多的就业岗位。健全和完善社会保障机制，提高社会保障支出占财政支出的比重，确保国有企业下岗职工基本生活费和离退休人员基本养老金按时足额发放，落实好城市居民最低生活保障政策，把符合条件的城镇贫困人口全部纳入最低生活保障范围，切实做到“应保尽保”。健全城镇职工养老、失业、医疗等保险制度，规范社保资金的社会化发放管理，保证资金发放及时到位和安全运行。完善对低收入者的救助制度，妥善解决城市特困家庭在住房、子女就学、医疗等方面遇到的问题。

社会保障制度改革是一项艰巨而复杂的系统工程，除了上述宏观环境的改善外，具体操作中还应做到以下几点：

第一，扩大社会保障覆盖面，从范围上看应包括城镇各阶层的社会成员，从种类上看应增加基本社会保障项目。

第二，进行税制改革，全面筹集保障基金。政府可以考虑开征社会保障税，或考虑将个人所得税、高消费领域的消费税辟为社会保障税，这既能保证社会保障基金的多渠道来源，又能作为缩小贫富差距、实现共同富裕的补偿性措施。

第三，控制保障基金的提取比例，确保其保值增值。由政府、企业和个人三方承担社会保障基金的比例，要与整个社会经济发展和人口变化相协调，如果经济高涨，保障基金要形成较大积累；如果经济衰退，也能保障社会成员最基本的生活条件。同时，为了使保障基金保值增值，还要进行必要的投资，在投资方向上可以选择投资收益大、奉献合理的国家重点基础设施建设工程、长期国债和债券、投资基金、效益好的股票和房地产等领域，进行多种有效投资组合，使基金获得较高收益。

第四，理顺社会保障管理机制，建立统一协调的社会保障管理机构，切实加强对社会保障基金的管理。社会保障涉及民政、财政、劳动、人事、卫生、银行、工会和保险公司等各个部门的运作，影响面广、工作量大，应有一个统一的社会保障机构进行统一组织、协调、规划和监督。

第五，要适应社会主义市场经济体制的需要，推进社会福利、社会保险和社会救助等制度的协调发展，从整体上促进和完善社会保障体系。[1]

## 五、营造良好的生态环境和社会环境

保持和创造良好的生态、社会环境，需要全省人民的共同努力，其中非常关键的一步是增强人民的环保意识。要不断加大对环境知识的宣传和教育力度，使环境保护是每一个公民的责任的观念深入人心，使人们在日常生产、生活活动中建立起关注公共环境的态度和自觉保护周边环境的习惯。

发达国家的相关经验表明：当环境保护投资达到 GDP 的 8% 时，环境恶化会得到控制，环境质量将持续改善，而环境保护投资不足是环境恶化的重要原因。要控制污染，改善环境，不增加投入是办不到的。因此，我们要加大环保投入，在生态环境方面继续加强荆南四河治理工程等长江堤防项目建设，积极抓好南水北调中线补偿工程建设，加快汉江中下游综合治理步伐，构筑高标准的长江、汉江防洪体系；在社会环境方面，要加强水利水电、通信、城市基础设施建设，加强综合运输网络的建设，营造宽松、和谐、优良的创业和发展环境，营造规范严明的法制环境、诚实守信的信用环境和优质高效的服务环境。要尽快完善环保的立法执法工作，使环保真正做到有法可依，有法必依，执法必严，违法必究。

社会发展的终极目标是提高人民的生活质量。加快经济发展，扩大消费，完善社会保障体制，保护环境，归根结底都是为了提高人民的生活水平。2003 年，湖北省在人民生活的各个方面有了很大的进展，虽然现在存在一些暂时的问题，但从整体来看，湖北省城镇居民的生活质量比以往有了较大幅度的提高。我们相信，在政府和全体民众的共同努力下，湖北省在提高人民生活水平、迈向小康的道路上一定会取得更加辉煌的成就！

（原载武汉大学发展研究院组编：
《湖北发展研究报告 2004》，武汉大学出版社 2004 年版）

[1] 周长城：《中国生活质量：现状与评价》，社会科学文献出版社 2003 年版，第 126 ～ 127 页。

附录2

# 武汉市居民各阶层消费比较及其政策启发

居民消费是经济运行的原动力所在。近年几届中央经济工作会议都指出，要继续坚持扩大内需的方针，努力扩大消费需求。这是针对当前制约我国经济发展的症结做出的重要部署。2004 年，湖北省实现社会消费品零售总额 2667.48 亿元，比上年增长 13.1%。从城乡看，城市实现零售额 1829.43 亿元，比上年增长 14.1%；县及县以下农村实现零售额 838.05 亿元，增长 11.0%。[1] 消费为拉动全省经济的发展做出了重要贡献。内部需求旺盛的消费市场将为湖北省生产力的可持续增长提供重要保障。消费也是居民生活建设的核心内容，是现代社会文明建设的重要组成部分。所以，认真研究消费状况，扩大居民消费，实行消费启动，对改善经济运行，提高居民生活质量，稳定与发展社会经济都具有十分重要的意义。

通过分层的方式研究消费，一来当前的社会分层是我国社会转型的结果，它影响社会格局，冲击人们的价值观与社会的传统文化，涉及社会稳定问题，应该引起我们足够的关注；二来这种视角也有利于我们更细致的研究消费，更具体地展现居民消费内部结构，为相关部门制定社会消费政策提供细分的社情参考；三来为展现居民生活状况提供更详细的图景。平均数是有用的，但是它也因为无视数据分布的离散程度而存在掩盖重要信息的陷阱，会犯过分简略的毛病。作为避免平均数过分简略的缺点与研究所必要的简约原则之间权衡的结果，我们对武汉市居民消费状况采取五分法，即将居民根据消费指标分为五个阶层，然后比较分析这五个阶层居民的消费状况，包括消费行为与消费意识。

---

[1] 参见 http://www.hb.chinanews.com.cn/news/2005-01-26/38812.html。

## 第一节　消费分层研究的理论问题

要在比较中展现居民的消费状况，首先要解决的一个问题就是如何确定居民的社会阶层与地位。

依据什么样的指标将居民分层是一个颇有争议的问题。国内有部分学者采用恩格尔系数作为消费分层的划分依据（李培林、张翼，2000）。恩格尔系数是国际通行的衡量消费水平的系数，通常被用来表示食品消费支出占总支出之比。但是，将恩格尔系数法消费分层应用于中国居民，则存在一些无法克服而又难以忽略的问题。

首先，居民消费支出是难以计算的问题。其主要原因有三：一是现代社会的居民支出项目繁多，消费项目及其支出的统计与计算是件不容易的事；二是一些涉及居民支出的改革政策与措施并不为大众所了解，人们对自己在某些改革中产生的消费项目上的支付因为通常由单位代扣代缴而并不清楚。比如就社会保险一项来说，居民普遍反映不清楚自己每年在这一项上究竟支出了多少。

其次，恩格尔系数通常是依据家庭消费数据计算的结果，一个家庭的所有成员拥有一个同样的恩格尔系数，但当前的社会事实是一个家庭中夫妻之间、父母与孩子之间的消费层次普遍存在差别。在家庭层面这是涉及家庭结构、家庭成员的经济收入水平等复杂因素的结果；在社会层面是现代社会流动普遍增多的一种反映，流动增多使得家庭成员在社交圈子、层次上各自分离，从而产生了不同层次的消费。

因此，本课题组尝试选择服装消费中的相关指标。在本课题研究中，我们拟结合服装消费方面的两个测量指标，即服装购买场所与所购服装档次，作为确定武汉市居民消费层次的依据，理论上的考虑有以下几点。

第一，服装消费在湖北省武汉市居民当前的生活中具有特殊重要的意义。

中国居民现阶段的消费结构状况以及特殊的“面子”文化，使得服装成为人们生活中关注的重点，服装等级成为人们评价他人社会地位的主要参考指标，服装消费也跟居民的自我阶层意识与生活满意度联系日益紧密。联合国开发计划署的《中国人类发展报告 2002》指出:"在中国有两个迥异的趋势正内在驱动着消费。第一是更高的人均消费水平、具有更多的穿着——更多的浪费心理以及消费产品增加三者合一的趋势。……"[1] 湖北省武汉市居民的生活，就其城市的整体消费水平与消费结构实情，以及居于中部的地理与文化地位等各种因素混合的结果，都可在某种意义上被视为中国市民生活的代表。联合国专家所言的"趋势"正在当前湖北省武汉市居民的消费生活中发生。

问卷中我们设计了这样一个封闭式问题:"俗话说'佛靠金装，人靠衣装'，您同意这种说法吗？"统计结果表明:13.2% 的被调查者"完全同意"，31.9% 的被调查者"比较同意"，38.9% 的被调查者"同意"即累计 84% 的被调查者都认为衣着对于人们的社会生活有重要意义，这既是自己生活状况改善、生活质量提高的表现，又事关尊严。因此，当人们有足够的消费能力时，他们通常不会在服装消费上"藏私"，服装消费因而能够相对充分地表现出居民的实际消费水平。

第二，服装消费指标既适用于收集所有居民的数据，又适用于区分居民。

服装既是必需品，又属于奢侈品。现代商业社会赋予它极大的表现空间，从满足遮羞御寒需求的基本需要，到展现至尊身份的世界顶级名牌的极度奢华，服装这个商品符号所展现的社会阶层的信息构成了一个不间断的连续序列，整个社会的人都在其中客观地占据一个位置，成为某一消费层次的一个构成单元。任何人都要消费服装，同时任何人消费的服装等级都表达了他所在的阶层信息，这样通过测量服装消费我们就能比较充分而又有区分地展现整个社会居民的消费状况。

在操作指标上，课题组选择将"通常购买服装的场所"[2] 及"所购买的服装中以什么档次的居多"[3] 两个指标交互的结果作为确定居民消费层次的标准。这两个指标所测的变量值，都是相对意义上的。我们判断居民的消费阶

---

[1]　联合国开发计划署:《中国人类发展报告 2002》，中国财政经济出版社 2002 年版。

[2]　该指标的选择项是"高级商场、大众商场、专卖店、私营小店、其他"，这些选择项本身等级区分不明显，在后期分析时，我们采取专家打分的方法，对它们进行了等级的区分，即根据专家经验，判定各个阶层居民分别会光顾哪些购衣场所。

[3]　该指标的选择项是"高档、高中档、中档、中低档、低档"。

层地位分“两步走”，对购物场所档次的判断是参照湖北省武汉市的整体情况相对而言的，而购买服装场所的档次则是服装档次变量值的参照系。我们假设当居民进入一个“高级商场”时，从概率的意义上，能够初步判断他不属于社会的下层，但绝不能就此断定他属于上层；接着我们就进一步考察他在“高级商场”中所购服装的档次。如果他进入高级商场却总是购买商场中低档的服装，则会给他定位于中层阶级。根据这两个指标交互的结果，我们将武汉市居民划分为五个阶层，如表 8-1 所示。

说明：本文图、表资料均来源于“武汉市居民消费分层研究”课题调查资料。

**表 8-1　划分消费阶层服装消费的复合指标**

| 阶层地位 | 通常购买服装的场所 | 所购服装以什么档次的居多 |
|---|---|---|
| 上层 | 高级商场 | 高档、高中档 |
| | 高级商场 | 中档、中低档 |
| 中上层 | 大众商场 | 高档、高中档 |
| | 专卖店 | 高档、高中档 |
| | 大众商场 | 中档 |
| 中下层 | 专卖店 | 中档 |
| | 私营小店 | 高中档 |
| | 其他 | 中档 |
| 中下层 | 大众商场 | 中低档、低档 |
| | 专卖店 | 中低档、低档 |
| | 私营小店 | 中档 |
| 下层 | 私营小店 | 中低档、低档 |
| | 其他 | 中低档、低档 |

## 第二节　调查结果及其分析

### 一、研究方法

课题组采取的研究方法主要是调查统计，通过问卷收集数据。调查对象为 18 ～ 65 岁的武汉市居民。因为无法获得武汉市居民的总体抽样框，所以我们没有采取随机抽样，而是结合消费研究的特点将调查方案定为主要在各个商业场所进行偶遇抽样，辅之以判断抽样。[1] 调查地点的选择兼顾武汉三镇各个区域各消费层次的代表性商业场所，如武昌的鲁巷广场（超市）、中南商业广场、珞狮路中百仓储、洪山家乐福、徐东平价；汉口的武汉广场、武汉商场商业群区、新世界百货、王府井百货、江汉路步行街、硚口区的家乐福、汉正街；汉阳的汉阳商场、华联超市。选择在这些消费场所做调查，是因为我们假设饮食与服装消费属于居民生活的基本需求，各个阶层的居民在这些消费场所都有相对较高的出现频率，尤其在一些大型超市，一到周末往往是各个阶层居民的大汇聚。调查从 2003 年 7 月中旬开始至 9 月上旬结束，2004 年 4 月中旬到 5 月上旬做了部分补充调查。

## 二、样本基本构成

本次调查共发放问卷 415 份，回收有效问卷 388 份，有效回收率为 93.5%。样本男、女性别比为 5.28 ∶ 4.72。样本的年龄构成为 30 岁以下的占 37.6%（这个年龄段的居民消费以个人支出为主），30 ～ 50 岁的占 40.1%（消费以个人消费和家庭消费为主，后者占据主导地位），50 岁以上的占 11.5%（通常仍然是个人消费和家庭消费为主的消费结构，但是在支出总量上大大降低）。

依据表 8-1 确定的复合指标，样本中各阶层的分布情况如图 8-1 所示。

---

[1]　判断抽样是为了弥补偶遇抽样的不足。研究的一个关键点是各个消费阶层都要获取足够的资料。当调查工作进行到后期，初步归类问卷资料的结果证实了我们初期的担忧：社会低消费阶层居民与高消费阶层居民的调查个案数太少。为了保证底层与下层居民的样本量，调查者进入消费能力较弱的居民集中居住区判断抽取一部分样本；为保证高层与上层消费阶层居民的样本量，调查者进入如俱乐部等一些高消费场所判断选取一部分调查对象。判断抽样的结果在一定程度上弥补了高、低消费阶层居民样本量不足的问题。

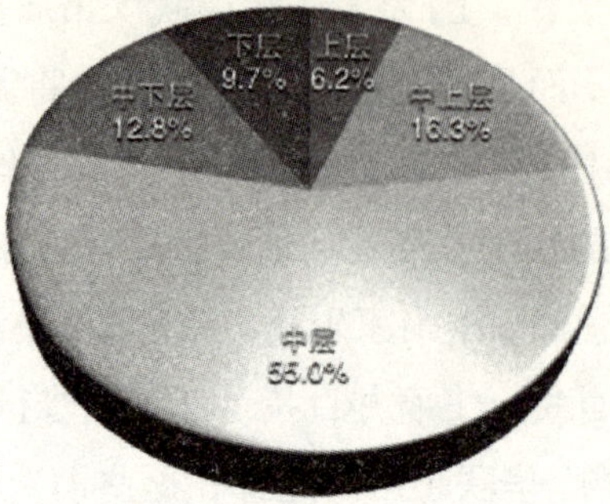


图8-1 消费分层的样本分布情况（%）（N=388）

问卷针对消费研究的特点，本次研究所选取调查对象男女性别比合适，年龄结构也适宜，各阶层分布基本合理。因此，数据分析所得结果基本能够代表当前武汉市居民的消费现状。

## 三、调查结果及其分析

依据消费研究的相关理论，结合武汉市居民的消费实情，本次调查兼顾时效性与前瞻性，将问卷按消费主题分为九个部分：食物消费、服装消费、耐用品消费、住房消费、交通与通信消费、医疗卫生与保健消费、闲暇消费、保险与人情消费、广告消费。

武汉市居民消费的实情如何，阶层之间有何差别，各阶层分别有何特点？我们将按以上九个消费类别，主要从消费品存量、平均支出、消费行为、消费偏好、消费观念等方面对各阶层居民的消费状况进行比较。

### （一）饮食消费比较

民以食为天。人们收入提高了，消费能力首先表现在饮食上。各阶层差异主要表现在三个指标上：外出就餐状况、饮食消费偏好及食品购买场所。

调查表明，居民所处社会阶层地位越高，外出就餐越频繁（见表8-2），每次就餐的平均支出也越高（见图8-2）。从下层到上层，各阶层居民逐渐由关注食品的“价格”，到食品本身的特质“新鲜程度”，到关注食品的文化内涵“品牌”，再到着眼食品之外的知识系统的“营养价值”来安排生活，体现了消费意识在受到不同程度的物质条件制约下从传统到现代的转变。由于去大型超市的成本承受力及消费观念的差异，导致各阶层购物场所选择行为的差异。对同样可以在菜场和超市购买的食品，较低阶层的居民往往选择在菜场或中小超市购买，而中层之上较高阶层的居民多选择光顾大超市。

表 8-2　各社会阶层平均每月外出就餐情况比较（%）（N=368）

| 平均每月外出就餐次数 | 社会阶层 | | | | |
|---|---|---|---|---|---|
| | 下层 | 中下层 | 中层 | 中上层 | 上层 |
| 不足 1 次 | 64.3 | 14.7 | 11.3 | 4.4 | 5.9 |
| 1 ～ 5 次 | 25.0 | 64.7 | 55.3 | 46.7 | 47.1 |
| 5 ～ 10 次 | 7.1 | 17.6 | 16.0 | 28.9 | 11.8 |
| 10 ～ 15 次 | 3.6 | 2.9 | 12.7 | 11.1 | 5.9 |
| 15 次以上 | 0 | 0 | 4.7 | 8.9 | 29.4 |

资料来源于“武汉市居民消费分层研究”课题调查资料。

图8-2　各阶层居民平均每次外出就餐花费比较

## （二）服装消费比较

服装历来是社会等级区分的重要标志。服装消费的阶层差异主要体现在支出与消费偏好上。

在“您每年购买服装大约需要多少元”的指标上，下层居民平均每年花费 359 元，中下层居民花费 789 元，中层居民花费 2189 元，中上层居民花费 3019 元，上层居民花费 6823 元，差距显著（见图 8-3）。

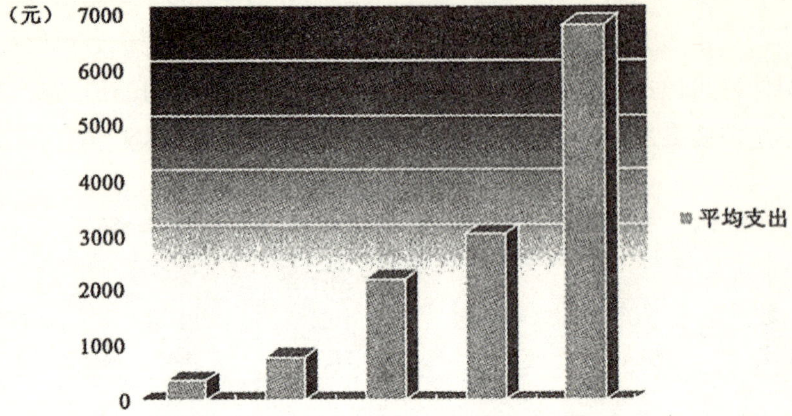


图8-3 各阶层居民平均每年服装消费支出比较

在消费偏好上，较低阶层的居民看重服装的价格因素，高达 77.8% 的下层居民购买衣着时看重价格是否便宜，较多中层居民看重衣服的“质量”。相比之下，中上层的居民集中分布于看重服装的“款式”与时尚元素，上层居民则在“品牌”上表现了较高的关注集中度。总的来说，较低阶层的居民成为低价服装的消费者；中等阶层持比较实用的观点，注重质量，讲求“物美价廉”的综合与平衡；而较高阶层的居民则构成了时尚与品牌的细分市场，成为时尚与潮流的引领者与品牌的追随者。

### （三）耐用品消费的比较

各阶层居民耐用消费品消费的差异首先表现为存量不同。随着生活水平的提高，电视机、洗衣机、电冰箱甚至空调等耐用消费品在武汉市居民家庭中基本普及，而热水器、微波炉、消毒柜等普及率较低，阶层之间差别明显[1]。以消毒柜的拥有率为例，下层和中层的拥有率在 20% ～ 30%，中层的为 38.9% 以上，中上层的为 43.5%，而上层的高达 77.8%。可见，武汉市居民的消费结构在耐用消费品方面已向奢侈品消费迈进（见表 8-3）。

---

[1] 具体指标为：“您家在购买以上物品（耐用消费品）时，最看重以下哪些因素，请依您重视的程度由高到低列出 3 项”。备选项为：①价格；②质量；③品牌；④操作方便；⑤功能齐全；⑥高科技含量；⑦其他。

**表 8–3　武汉市各阶层居民家庭耐用品拥有率比较（%）（N=383）**

| 家庭耐用品 | 社会阶层 | | | | |
|---|---|---|---|---|---|
| | 下层 | 中下层 | 中层 | 中上层 | 上层 |
| 电视机 | 89.8 | 94.6 | 96.8 | 100 | 100 |
| 洗衣机 | 78.6 | 94.6 | 95.5 | 94.5 | 100 |
| 电冰箱 | 82.1 | 97.3 | 96.2 | 93.3 | 100 |
| 空调 | 78.6 | 91.9 | 96.2 | 95.7 | 100 |
| 热水器 | 57.1 | 81.1 | 86.0 | 91.3 | 94.1 |
| 微波炉 | 42.9 | 48.6 | 72.0 | 73.9 | 94.1 |
| 消毒柜 | 21.4 | 27 | 38.9 | 43.5 | 77.8 |

但各阶层居民在耐用品消费的偏好上呈现趋同。对问卷中的一个指标“您家购买耐用消费品最关注什么”的统计结果显示，除了下层居民在购买时主要关注其价格外，其他各阶层居民都集中关注耐用消费品的“品牌”。该比例在中下层、中层、中上层、上层居民中分别占 56.8%、71.3%、73.9%、77.8%。可见，品牌效应在耐用消费品上发挥了巨大的作用。

### （四）住房消费比较

武汉市各阶层居民在住房消费上差距明显，体现在多个方面。

一是拥有住房的状况，包括住房面积与房屋结构。统计结果表明，所处社会阶层越高的居民拥有的可支配住房资源也越多（拥有多处住房），其住房结构也越趋向于大空间与复杂结构（见表 8-4）。

二是在住房消费潜力指标上，居民对当前住房情况满意与否基本上与居民的未来购房意向没有关系，在未来购房预期上，调查显示“有房产者还会有房产，无房产者仍会无房产”。

**表 8–4　武汉市各阶层居民拥有住房情况比较（%）（N=385）**

| 拥有住房情况 | 社会阶层 | | | | |
|---|---|---|---|---|---|
| | 下层 | 中下层 | 中层 | 中上层 | 上层 |
| 1 处 | 92.9 | 86.1 | 68.6 | 63.0 | 44.4 |
| 2 处 | 7.1 | 11.1 | 29.5 | 34.8 | 50.0 |
| 3 处及以上 | 0 | 2.8 | 1.9 | 2.2 | 5.6 |

三是住房消费偏好，包括购房偏好和对住房装修的态度两方面。在预期购房的偏好上，下层和中下层居民首先考虑房子的价格，其次是面积，着重于满足住房消费的“基本需求”；中层、中上层和上层居民首先看重住房的“地段位置”，其次是“周边环境”，他们进一步关注房屋的升值潜力、地域交通等。较多的上层居民也表示看重“配套设施”，提出了居住质量的要求。在住房装修认知上，各阶层之间没有太大差异，绝大部分居民都认为装修重要。但在装修支出上，阶层差异是巨大的，下层和中下层之间、中上层和上层之间落差都很大，而上层居民家庭的住房装修花费竟相当于下层居民的 30 多倍。

### （五）交通与通信消费比较

关于交通消费，调查显示，在主要使用何种交通工具出行上，从下层到中上层都以公共汽车为主，这跟武汉市居民总体的收入水平挂钩。中层以上的居民“乘出租车出行”的比例多起来，但在各乘车阶层中，乘车频率与乘车动机有区别。中层居民乘车的主要原因“可以报销”，中上层居民的主要原因是“节约时间”与“方便”。部分中层以上阶层居民出行以“专车”和“私家车”为主，且随着阶层地位的上升，以这两种出行方式为主的居民的比例逐渐加大。

在交通消费观念上，较低阶层的居民在交通工具选择上往往计较费用是否便宜，而中层以上的居民则主要看重交通工具是否能够节约时间。随着阶层上升，越来越多的居民不愿意在交通上耗费时间。除了“节约时间”外，中层和中上层中也有较高比例的居民选择了“价钱便宜”，这是武汉市居民普遍持“节俭”消费观念的一个反映。而上层中其他比例的居民选择了“体面舒适”，表现出明显的享受型生活方式的特征。

较高阶层的居民有更高的通信支出。在通信方式选择上，中层及其以下的居民主要使用家庭电话，中层的大部分及中上层的一部分主要使用手机通信，而中上层的大部分及上层的绝大部分居民，采用手机通信占压倒性的比例。

### （六）医疗卫生消费与保健消费比较

医疗卫生消费的阶层差异主要从三个方面来测量。一是各阶层在医疗卫生消费中所获得的社会支持不同，阶层越低，医疗卫生消费中自费的居民比例越高，但在上层居民中存在主动放弃社会支持，自愿自费的现象，宁愿不要单位补贴也要上大医院（见表 8-5）。

二是在医疗消费行为上，调查显示，当出现身体不适时，各阶层居民的反应行为不同，中层以下较多居民会自己去药店买点药吃，而中层及其以上的较多居民会选择去大医院。事实上中层以上的居民会“自己去药店买点药吃”，这一阶层居民也有不少比例的分布，但是较高阶层居民选择自己去药店买药吃大部分是出于避免麻烦或者暂时没有时间去医院，而较低阶层居民“自己去药店买点药吃”则主要是出于经济因素的考虑。对他们来说，去医院的挂号费都足以买一包感冒药了。

**表 8-5　武汉市各阶层居民医疗消费支出的来源构成情况比较（%）（N=387）**

| 医疗消费支出的来源构成 | 社会阶层 | | | | |
|---|---|---|---|---|---|
| | 下层 | 中下层 | 中层 | 中上层 | 上层 |
| 单位全部支付 | 0 | 2.7 | 0.6 | 4.3 | 5.6 |
| 完全个人支付 | 57.1 | 54.1 | 47.5 | 38.3. | 50.0 |
| 单位与个人共同承担 | 32.2 | 43.2 | 49.4 | 46.8 | 33.3 |
| 商业保险理赔一部分 | 3.6 | 0 | 1.2 | 10.6 | 11.1 |
| 其他 | 7.1 | 0 | 1.3 | 0 | 0 |

这里的“单位与个人共同承担”中，将社会保险也算入由单位承担。

三是在医疗消费意识的指标测量上，各阶层居民体现出对定期做健康检查重要性认知的无差别性，大部分居民，不分阶层，都认为定期做健康检查很重要。但是在实际的行为中“是否定期做健康检查”却明显体现出不同。从下层到上层，各阶层中平时定期做健康检查的居民的比例分别是 14.3%、16.2%、39.6%、40.4%，55.6%。这种消费意识与消费行为的分离充分体现了消费的经济制约性。

在保健品消费上，不论阶层，大部分居民都持“无所谓”的态度。值得一提的是，样本中上层居民在对保健品消费的态度上分布比较均匀，38.9% 的被调查者认为保健品消费“比较重要”，27.8% 的人认为“无所谓”，27.8% 的人认为“完全不重要”。这体现了保健品消费在上层居民意识里并非必需，更多的是一种文化与心理现象，个人根据自己的知识体系有自己的判断，这体现了上层居民消费认知富有独立性的特征。

### （七）闲暇消费比较

闲暇消费包括休闲、娱乐、运动、社交、旅游、学习等内容。

在休闲娱乐活动方面，下层居民的闲暇时间主要用于打麻将、逛商场、上歌舞厅等纯粹娱乐性质的活动上；在中下层居民中，除了打麻将、逛商场外，上网的居民也比较多；中层居民在闲暇时除了打麻将、逛商场、上网外，还常去郊外度假、上咖啡屋/酒吧、上游泳馆等。而中上层居民除了从事中层居民所进行的活动外，还有上电影院观影、上美容室保养、上健身房锻炼、打保龄球等。上层居民中除了中上层居民所从事的这些活动外，还常打网球，偶尔也进行野外攀岩登山。可见，居民所处阶层越低，其闲暇活动越贫乏，也越以"娱乐"为主；阶层越高，其闲暇活动越丰富，活动也由娱乐性为主转向以文化性、学习性、运动性与娱乐性相结合。闲暇活动可选择项目的多少及其内涵的丰富度都是各阶层居民间消费模式差异的重要体现。

旅游消费是近年来居民闲暇消费的热点，随着社会阶层地位的上升，出行居民的比例持续增长。从中下层到上层，各阶层的肯定比率（即有"0次以上"旅游消费行为的居民占本阶层被调查居民总数的比率）分别是43.2%、52.9%，63%、88.9%，阶层差距明显。此外，分别有28.3%、22.2%的中上层居民与上层居民近3年来"3～4次"出游，上层中甚至还有高达27.8%的居民曾经"5次以上"出游。但下层居民基本上不属于这个行列。

知识社会的来临使学习消费变得时尚起来，在各种职业技能培训、专业知识的深造学习上的花费已成为一些居民消费总支出的重要组成部分。统计结果显示，随着居民阶层地位上升，学习消费更受重视。

### （八）保险消费与人情消费比较

各阶层居民普遍都有保险消费意识，在"购买保险是否必要"上，阶层差距不明显，但在实际购买保险的情况上，随着阶层的下降，各阶层的保险购买率及保险消费支出呈现出递减态势。

中国是一个具有讲人情传统的社会，人情消费也是普通居民生活中的一项重要支出。由于送人情中的攀比现象，以及人们交际圈的日益扩大，各阶层都普遍感受到人情消费的压力，只是程度不同而已。

### （九）广告消费比较

就各种消费信息源对各阶层的影响而言，“报纸”“电视”“邻居、朋友、同事”是各消费信息发布途径中对居民影响最广的。“报纸”是各阶层居民获取消费信息的第一来源，“电视”是其后居民获取消费信息的第二来源。“邻居、朋友、同事”则位居第三位。此外，“网络”也是中上层居民和上层居民的消费信息获取途径，中层以上的居民也从“时尚杂志”获取消费信息。随着阶层降低，各阶层居民更集中于通过“消费现场”获取信息。结果如表 8-6 所示。

表 8–6 武汉市各阶层居民最信任的消费信息来源比较（%）（N=361）

| 最信任的消费信息来源 | 社会阶层 | | | | |
|---|---|---|---|---|---|
| | 下层 | 中下层 | 中层 | 中上层 | 上层 |
| 电视 | 15.4 | 12.1 | 22.0 | 18.8 | 17.6 |
| 网络 | 0 | 9.1 | 6.0 | 2.3 | 17.6 |
| 报纸 | 23.1 | 21.2 | 19.3 | 14.0 | 11.8 |
| 时尚杂志 | 0 | 0 | 3.3 | 4.4 | 11.8 |
| 邻居、朋友、同事 | 34.6 | 18.2 | 22.7 | 32.6 | 35.3 |
| 消费现场 | 26.9 | 39.4 | 26.0 | 27.9 | 5.9 |
| 其他 | 0 | 0 | 0.7 | 0 | 0 |

各阶层在对各信息源的“信任”程度上呈现有趣的分化。下层、中上层和上层居民最信任来自“邻居、朋友、同事”的消费信息源，中下层和中层居民则倾向于信任来自“消费现场”的消费信息。下层居民、中上层居民和上层居民的购买行为往往是有计划的，购买行为发生前一般有比较明确的目的，这在下层居民那里是出于经济的考虑，需要什么才买什么，不需要就不买；在中上层和上层居民那里主要是体现了一种品味的自主，我看中什么买什么，而不是你说什么好我就买什么。相比之下，中下层居民和中层居民的消费行为具有较大的随意性和可游说性，往往不是计划好买什么就去买什么，而是发现什么好就买什么，或者是之前有计划但容易受到现场信息的影响而改变

计划或进行计划外的购买。比较各阶层分布在“报纸”与“电视”上的信任率发现，在下层居民和中下层居民中，报纸获得的信任率明显相对电视要高，而在中上层居民和上层居民中则是电视获得的信任率明显高于报纸；在中层那里，两种媒体获得的信任率比较接近，电视略占优势。

关于广告对居民消费行为的影响，调查表明，各阶层居民反映其购买决定受到广告影响“十分大”和“比较大”的累计比率分别为14.3%、29.7%、23.7%、42.6%、35.3%，可见，广告对中上层和上层居民消费决定的影响大于对中层以下居民消费决定的影响。相比之下，广告更能激起中上层和上层居民的消费欲望。

### （十）各阶层消费方式比较研究小结

较低阶层的居民无论在消费行为还是在消费观念上都表现出受到物质条件较大程度的刚性制约。他们占有消费资源较少，在行为上往往表现为光顾低端消费品市场，购买价格便宜的消费品，从事花费较少的娱乐活动，等等；在观念上恪守节俭，看重物品的价格因素，购买原则是“需求驱动，价格决定”。较低阶层居民的消费方式为生存型消费。

中层居民在消费行为上体现了中庸原则，通常去中等档次的消费场所，在经济承受力范围内适度表达品味，购买一般价格的商品，进行有益于身体健康、中等消费的闲暇活动；在观念上讲求实惠，讲求“物美”与“价廉”的平衡，看重物品的质量，购买原则是“实惠第一，适度讲究”。总的来说，中层居民是一个较为理性的消费群体，其消费方式属于约束型消费。

较高阶层的居民占有消费资源丰富，在消费行为上表现为光顾高级消费场所，进行高消费活动，购买高档商品，从事富于娱乐性、技能性与知识性的休闲活动；在消费观念上注重消费中的知识投入，注重品味与个性表达，注重生活质量，其购买原则是“展现品味，得我所爱”。较高阶层的居民因为强大的经济支付能力使其消费意识可以在较大程度上实现自由、独立的表达，这个群体的消费基本上可以归属于享受型和知识型两类。

总的来说，武汉市居民在消费上存在较大程度的两极分化，大部分居民的消费受到经济条件的制约，基本上还是属于“计算”型经济理性消费。

# 第三节　形势与对策

## 一、形势与问题

2004 年，武汉市居民消费价格总水平比上年上涨 3.3%，涨幅比上年加大 1 个百分点，为 1997 年以来涨幅最大的年份。在全国 36 个大中城市中居第 9 位，在 19 个副省级及以上城市中居第 4 位，虽然位次比较居前，但与上年相比明显后移，也低于全国 3.9%、全省 4.9% 的平均涨幅，甚至低于全省农村平均水平 2.5 个百分点。2004 年武汉市居民消费价格上涨的原因主要是：（1）在受 2003 年价格“翘尾”因素影响较大，相关价格指数在 2004 年持续走高；（2）食品价格上涨是推动居民消费价格上涨的主要原因；（3）居住类、服务项目市场自发涨价因素增强，居住类价格同比上涨 5.7%，服务项目价格上涨 3.2%，也分别影响价格总水平上涨 0.77 和 0.84 个百分点，且上涨面较宽 [1]。

2005 年武汉市居民消费可望持续上涨，持续拉动社会经济发展，但是历经 2004 年的上涨，武汉市商品供过于求的局面并没有改变。目前市场供过于求的商品占 74.3%，供求基本平衡的占 25.7%，即市场上仍然存在大量的商品过剩，可见拉动武汉市内需的工作十分迫切。

一方面，武汉市消费价格总水平涨幅表现为近年来的大突破，这体现了经济的复苏，也是消费自 2003 年以来逐渐取代出口与投资成为拉动全国经济发展主要力量的信号；另一方面，消费水平上涨幅度与全国同级城市相比相对滞后，甚至低于全国、全省平均水平，这不能不说是相关部门应该切实关注甚至警醒的问题。问题所在提示未来的工作突破点所在，也就是说，问题反映了武汉市居民消费中还存在巨大的消费力有待释放，而制定切实有效、科学可行的政策以释放社会中的消费力应该作为武汉市 2005 年经济工作的重心之一。

---

[1]　参见 http://www.stats.gov.cn/tjfx/fxbg/t20050131-402229542.htm。

## 二、对策与措施

以消费代替公共投资与出口拉动经济发展，建立生产与消费的良性循环，同时不断提高居民消费水平，升级消费结构，改善消费环境，提升消费质量，才是武汉市经济、社会发展的可持续之道。

我们在研究中发现，武汉市各个阶层居民的消费弹性不同。在当前武汉市的消费市场上，对生存型消费的低消费阶层（下层和部分中下层）居民来说，他们目前在很多方面的消费都受到经济收入的限制，普遍由于收入过低而空有着消费的欲望。而对庞大的约束型消费的中等消费阶层（部分中下层、中层）来说，他们具有强大的潜在消费能力，但却没有消费欲望，或者说他们的消费欲望受到外在条件的约束，比如改革造成的未来支出的不确定性，这种不可预期使居民倾向于储存以备未来之需而不是消费，他们也是典型的消费受到内在观念影响的群体，这些不利于消费力释放的观念叫均衡观念，即人们倾向于将一生的财富均衡地来支配，他们认为自己年轻时候的财富应该适当地积累起来以弥补老年时期可能的“入不敷出”，或者保证到老年后继续维持同等质量的生活；又如“勤俭节约”的观念，有些居民即使经济收入增多，但是他们的消费观念仍会维持在与收入增长前相适应的水平。而属于享受型和知识型消费的高消费阶层居民（部分为中上层、上层）因为收入高且有保障，具有较为稳定的消费模式。所以不管是市场人气冷淡的客观环境方面，还是在大众消费观念都不太能够影响他们的消费欲望方面，相对于低阶层与中等阶层的居民，他们的实际消费弹性很低。

市场消费疲软是社会各阶层共同作用的结果，要促兴消费市场，拉动经济，促进社会发展，提升人民生活质量，就应该对社会各个阶层的居民进行消费动员。实践证明，没有“一刀切”而能行之有效的办法，所以我们建议根据各个阶层居民的消费特点有区别地制定工作政策，确定工作重点，以有效且高效益地刺激消费，争取在 2005 年实现社会良性循环的开端。

**表 8-7　各职业者在社会阶层中的分布结构（%）（N=388）**

| 职业 | 社会阶层 | | | | |
|---|---|---|---|---|---|
| | 上层 | 中上层 | 中层 | 中下层 | 下层 |
| 党政机关干部 | 11.1 | 27.8 | 61.1 | 0 | 0 |
| 专业技术人员 / 教师 / 医生 | 7.0 | 19.8 | 61.6 | 9.3 | 2.3 |
| 企业经营管理人员 | 11.1 | 17.8 | 53.3 | 13.3 | 4.5 |
| 商业 / 服务业工作人员 | 2.8 | 19.4 | 61.1 | 16.7 | 0 |
| 工业 / 生产性工人 | 0 | 9.4 | 56.3 | 15.6 | 18.7 |
| 个体经营者 | 8.0 | 8.0 | 56.0 | 12.0 | 16.0 |
| 离退休人员 | 0 | 10.0 | 30.0 | 30.0 | 30.0 |
| 下岗 / 失业 / 无业人员 | 7.1 | 0 | 14.3 | 14.3 | 64.3 |
| 学生 | 12.5 | 12.5 | 50.0 | 12.5 | 12.5. |
| 其他 | 0 | 15.4 | 61.5 | 15.4 | 7.7 |

不同收入阶层的消费边际曲线也不同，如低收入阶层的边际消费率可能是 95% 以上，也就是说多挣 100 元要有 95 元用于消费，而高收入阶层的边际消费率可能还不到 20%。武汉市低消费阶层消费不旺的主要原因是受限于收入低，因此要刺激这部分人的消费，就应该考虑如何提高这部分人的收入。这部分人主要集中为“下岗 / 失业 / 无业人员”“离退休人员”、“工业 / 生产性工人”（见表 8-7），要提高他们的收入，一则要加大解决失业与下岗问题的力度。解决就业问题，要注意将多渠道增加就业与对下岗者与失业者的职业技能培训结合起来。二是提高工业 / 生产性工人的工资水平，实行最低工资制度。三是落实社会保障政策，切实执行最低生活保障制度，建构完善的社会保障体系。同时加大再分配力度，发挥税收的转移支付功能，有针对性地提高这部分人的收入，改善他们的经济状况。这部分人的收入提高会直接转化为生产力。

研究结果表明，庞大的中等消费阶层的消费态度比较保守。现在的消费不足，主要由庞大中等消费阶层的“无消费欲望”所引起。其原因可以简单解释为:第一，目前一些正在出台或正在酝酿出台的改革措施（如医疗、养老、住房、教育等方面的体制改革），使居民未来支出预期增大，约束了当前消费，强化了储蓄倾向；第二，近年来宏观市场“不景气”，居民等待物价的进一步下降，持有“买落不买涨”的消费心理；第三，教育、住房、汽车等家庭消费品相对于收入来说仍存在过高的消费门槛，抑制了需求和消费。要扭转中等消费阶层的这种消费，一是要充分利用公众对社会事务的知情权，将社会政策与公共事务向公众公开以达到刺激居民消费的目的。通过公开社会事务，一来为公众提供稳定明确的社会保障预期；二来通过提高公众参与以刺激消费。理论表明，公众对社会事务了解得越多，就越倾向于成为社会事务的积极行动者，而不仅是差强人意的参与者，更不是漠然的观望者，这种积极的行动意识会影响到居民的多方面的行为，包括对新消费项目的尝试，对消费政策的积极回应。二是从中等消费阶层居民的消费行为的可游说性强、容易受大众传媒影响的特点出发，政府要加大舆论宣传，积极引导消费，改造中间阶层居民的消费观念。三是要运用经济杠杆逐步营造“经济景气”大氛围，如控制通货膨胀率等。

高消费阶层的边际消费弹性很小，他们收入的提高对刺激他们的消费不会有直接的作用，他们消费的自主意识也较强，不论外界的客观环境还是主观潮流对其消费行为的改变都比较有限。因此对于他们来说，重要的是一方面刺激他们把家庭储蓄转化为生产和经营性投资，如采取有力措施鼓励投资，降低投资税费和消除垄断行业的投资壁垒；另一方面限制他们把投资转化为家庭储蓄，如严格区分企业法人的账目和投资人的家庭账目（即便企业法人和家庭户主是同一自然人），对前者向后者的任何资金转移在已征收企业所得税的基础上再征收个人所得税。

（原载武汉大学发展研究院组编：

《湖北发展研究报告2005》，武汉大学出版社2005年版）

# 后 记

《湖北农民生活质量调查》系湖北省社会科学界联合会“中国调查”项目系列成果之一，自 2014 年 6 月立项至 2015 年 7 月结项，历时一年有余。在课题组成员和调查人员的通力合作之下，获得了充足的第一手数据，调查取得了丰硕成果。本调查一方面借助国家统计局及湖北省统计局发布的官方统计数据，选取湖北农民经济社会生活中较为重要的生活领域进行综合阐述，并将其与全国农民生活质量进行比较；另一方面则以具体的村庄为例，从微观的角度对农民的客观生活水平和主观满意度进行统计分析。同时以 2002 年为例，从历史的角度对提高城乡居民生活质量的历史成就进行回顾，以期对未来的湖北农民生活的改善与相关政策制定提供指引、借鉴与启示。

本研究是集体智慧的结晶，编撰工作由武汉大学社会学系、武汉大学生活质量研究与评价中心的师生共同完成。课题申请书由我的博士生张敏敏、徐鹏（2015 年已博士毕业，现在中南财经政法大学从事教学研究工作）、湖北省社科联合会的杨增能副主席和我共同拟定；调查工作由我的博士生叶闽慎和我具体负责实施；本书构思是我、杨增能和叶闽慎共同商议修订而成，叶闽慎为本项目实施以及本书撰写付出了许多努力。具体分工如下：

第一章：张锋、叶闽慎、周长城

第二章：周长城、叶闽慎、居灿、王晓霖、李俊峰

第三章、第四章：周长城、叶闽慎、居灿、王晓霖、方倩倩、李俊峰、张含雪、杨海桃

第五章：陈群、陈云、任敏、周长城

第六章：叶闽慎、李俊峰、王晓霖、周长城

附录1：胡丽娜、张鸿飞、周长城

附录2：任敏、周长城

周长城、杨增能、叶闽慎负责最后稿的校订和修改工作。

本项目实证调查的顺利完成也离不开湖北省W市M镇样本村庄的村干部及村民的热心帮助与积极配合，他们的支持是不可或缺的。最后感谢评审专家给出的中肯建议，本书文责自负。

报告不足之处，敬请批评指正。

周长城

2015年8月19日于珞珈寓所

# 编后记

“中国调查”丛书由湖北省社会科学界联合会组织编写。为了编纂这套丛书，省社科联成立了“中国调查”丛书编委会。编委会编委由省社科联领导成员担任。编委会在丛书的组织策划、选题确定、编纂体例、内容大纲、编辑风格、封面设计、专家聘请等方面进行了多次专题研究。曾婕、刘宏兰、杜绍祥、谢双林、谢洪辉、温健等同志对相关分卷进行了初审；黄正谋、刘洁、江立华、桂胜等同志负责复审工作；曾婕同志负责终审工作。“中国调查”丛书的组稿、协调、编辑、审稿等工作由省社科联学术部承担，陈芳、肖利、陈沛、陈弘等同志做了大量工作。湖北人民出版社的编辑同志对本丛书的编辑工作给予了很大帮助，在此致谢。

由于本丛书涉及的内容较多、原始资料量大，虽然经过反复校验和更正，难免有所疏漏，恳请专家读者批评指正。

编　者

2016 年 12 月